# CONTEÚDO DIGITAL PARA ALUNOS
Cadastre-se e transforme seus estudos em uma experiência única de aprendizado:

**1** Entre na página de cadastro:
www.editoradobrasil.com.br/sistemas/cadastro

**2** Além dos seus dados pessoais e dos dados de sua escola, adicione ao cadastro o código do aluno, que garantirá a exclusividade do seu ingresso à plataforma.

1057429A1346424

**3** Depois, acesse:
www.editoradobrasil.com.br/leb
e navegue pelos conteúdos digitais de sua coleção :D

*Lembre-se de que esse código, pessoal e intransferível, é valido por um ano. Guarde-o com cuidado, pois é a única maneira de você acessar os conteúdos da plataforma.*

CB029498

Editora do Brasil

# AKPALÔ
## LEITURA E PRODUÇÃO DE TEXTO

### Cláudia Miranda
- Mestre em Educação pela Universidade Católica de Petrópolis (UCP)
- Especialista em Teoria da Literatura e em Literatura Comparada pela Universidade Federal de Juiz de Fora (UFJF)
- Licenciada em Letras pela Universidade Federal de Juiz de Fora (UFJF)

### Jaciluz Dias
- Doutoranda em Linguística pelo Programa de Pós-Graduação em Linguística da Universidade Federal de Juiz de Fora (UFJF)
- Mestra em Educação pela Universidade Federal de Lavras (UFLA)
- Licenciada em Letras (Licenciatura Plena) pelo Centro de Ensino Superior de Juiz de Fora (PUC Minas)

### Ludmila Meireles
- Doutora em Linguística pela Universidade Federal de Juiz de Fora (UFJF) com estágio sanduíche na University of Gothenburg (Suécia)
- Especialista em Ensino de Língua Portuguesa pela Universidade Federal de Juiz de Fora (UFJF)
- Licenciada em Letras (Português e Francês) pela Universidade Federal de Juiz de Fora (UFJF)

### Priscila Ramos de Azevedo
- Graduada em Letras pelo Centro Universitário Ibero-Americano (Unibero-SP)
- Professora de Língua Portuguesa do Ensino Fundamental na rede privada de ensino

**5º ANO**
Ensino Fundamental
Anos Iniciais

**LEITURA E PRODUÇÃO DE TEXTO**

AKPALÔ
Palavra de origem africana que significa "contador de histórias, aquele que guarda e transmite a memória do seu povo".

1ª edição
São Paulo, 2021

Editora do Brasil

Dados Internacionais de Catalogação na Publicação (CIP)
(Câmara Brasileira do Livro, SP, Brasil)

Akpalô leitura e produção de texto, 5º ano / Cláudia Miranda...[et al.]. -- 1. ed. -- São Paulo : Editora do Brasil, 2021. -- (Coleção Akpalô)

Outros autores: Jaciluz Dias, Ludmila Meireles, Priscila Ramos de Azevedo
Bibliografia.
ISBN 978-85-10-08130-6 (aluno)
ISBN 978-85-10-08131-3 (professor)

1. Leitura (Ensino fundamental) 2. Português (Ensino fundamental) 3. Textos (Ensino fundamental) I. Miranda, Cláudia. II. Dias, Jaciluz. III. Meireles, Ludmila. IV. Azevedo, Priscila Ramos de. V. Série.

20-52108            CDD-372.6

Índices para catálogo sistemático:
1. Português : Ensino fundamental 372.6
Cibele Maria Dias - Bibliotecária - CRB-8/9427

Rua Conselheiro Nébias, 887
São Paulo, SP – CEP 01203-001
Fone: +55 11 3226-0211
www.editoradobrasil.com.br

© Editora do Brasil S.A., 2021
*Todos os direitos reservados*

**Direção-geral:** Vicente Tortamano Avanso

**Direção editorial:** Felipe Ramos Poletti
**Gerência editorial:** Erika Caldin
**Supervisão de arte:** Andrea Melo
**Supervisão de diagramação:** Abdonildo Santos
**Supervisão de revisão:** Dora Helena Feres
**Supervisão de iconografia:** Léo Burgos
**Supervisão de digital:** Ethel Shuña Queiroz
**Supervisão de controle de processos editoriais:** Roseli Said
**Supervisão de direitos autorais:** Marilisa Bertolone Mendes

**Supervisão editorial:** Selma Corrêa
**Assistência editorial:** Gabriel Madeira e Olivia Yumi Duarte
**Capa:** Megalo Design
**Imagens de capa:** Highwaystarz-Photography/iStockphoto.com, Kozlik/Shutterstock.com e New AfricaKozlik/Shutterstock.com

**Licenciamentos de textos:** Cinthya Utiyama, Jennifer Xavier, Paula Harue Tozaki e Renata Garbellini
**Controle de processos editoriais:** Bruna Alves, Carlos Nunes, Rita Poliane, Terezinha de Fátima Oliveira e Valéria Alves

1ª edição / 2ª impressão, 2022
Impresso na Meltingcolor Gráfica e Editora Ltda.

**Concepção, desenvolvimento e produção:** Triolet Editorial & Publicações
**Direção executiva:** Angélica Pizzutto Pozzani
**Coordenação editorial:** Priscila Cruz
**Edição de texto:** Adriane Gozzo, Carmen Lucia Ferrari, Claudia Cantarin, Juliana Biscardi, Solange Martins e Thais Ogassawara
**Preparação e revisão de texto:** Ana Carolina Lima de Jesuz, Ana Paula Chabaribery, Arali Lobo Gomes, Brenda Morais, Celia Carvalho, Daniela Lima Alvares, Daniela Pita, Erika Finati, Gloria Cunha, Helaine Naira, Lara Milani, Marcia Leme, Míriam dos Santos, Renata de Paula Truyts, Renata Tavares, Roseli Batista Folli Simões e Simone Soares Garcia
**Coordenação de arte e produção:** Daniela Fogaça Salvador
**Edição de arte:** Ana Onofri, Julia Nakano e Suzana Massini
**Ilustradores:** All Maps, Enágio Coelho, Filipe Rocha, Raitan Ohi, Imaginário Studio, Joana Resek, Sandra Lavandeira e Vicente Mendonça
**Iconografia:** Daniela Baraúna

**Querido aluno, querida aluna,**

Este livro foi escrito pensando em você.

A leitura e a escrita ocupam um lugar muito importante no dia a dia. Por isso, como professoras e autoras desta coleção, tivemos um desafio: escrever um livro que leve você a descobrir essa importância e desperte, cada dia mais, seu gosto pela leitura e pela escrita.

Então, pesquisamos textos em estilos e linguagens diversos que consideramos interessantes e podem despertar seu interesse por assuntos que merecem atenção.

Você vai ler, escrever e produzir textos escritos, orais e multimodais de uma grande variedade de gêneros. Afinal, vivemos cercados pelos diferentes usos que as pessoas fazem da língua e das diversas manifestações da linguagem.

Enfim, acreditamos que, aprendendo a nos comunicar por meio dos recursos a nossa disposição, poderemos entender melhor o mundo em que vivemos e, também, interagir mais plenamente com tudo o que está ao nosso redor.

Boas leituras!

Um abraço,
As autoras

# Sumário

## UNIDADE 1
### A palavra é... diversão! ......... 6

Texto 1 – Cartum para a revista *Continente* ......... 8
- Interagindo com o cartum ......... 9

Texto 2 – "O maluco estava..." ......... 11
- Interagindo com a anedota ......... 12
- Intervalo – Pontuação e sentido ......... 16

- Oficina de produção – Concurso de anedotas ...... 18
- Conheça ......... 19

## UNIDADE 2
### Histórias e famílias ......... 20

Texto 1 – *Silêncio de filha* ......... 22
- Interagindo com o conto ......... 26

Texto 2 – *A bola* ......... 28
- Interagindo com a crônica ......... 30
- Intervalo – Tempos verbais do modo indicativo ......... 31

- Oficina de produção – Conto e sarau ......... 33
- Conheça ......... 35

## UNIDADE 3
### Como se faz? ......... 36

Texto 1 – *Cara a cara* ......... 38
- Interagindo com a regra do jogo ......... 40

Texto 2 – *Brigadeiro de geladeira, sem fogão* ......... 43
- Interagindo com a receita ......... 44
- Intervalo – Uso de infinitivo e imperativo em texto instrucional ......... 46

- Oficina de produção – Regra de jogo ......... 48
- Conheça ......... 49

## UNIDADE 4
### A palavra é... visual ......... 50

Texto 1 – *Hora da brincadeira* ......... 52
- Interagindo com o poema ......... 54
- Intervalo – Conotação e denotação ......... 56

Texto 2 – *Navio* ......... 57
- Interagindo com o poema visual ......... 58

- Oficina de produção - Poema visual (produção escrita) ......... 62
- Conheça ......... 63

## UNIDADE 5
### A literatura é uma arte .................. 64

- Texto 1 – *(Im)previsível* ........................... 66
  - ▸ Interagindo com o conto ................... 69
- Texto 2 – *A imprevisível certeza de ser* ....... 75
  - ▸ Interagindo com a resenha ................ 76
  - ▸ Intervalo – Língua e linguagem: relações de concordância ............................. 80
- ▸ Oficina de produção – Resenha e vídeo para *vlog* literário .................................. 82
- ▸ Conheça ............................................ 85

## UNIDADE 6
### Palavras e ideias ........................ 86

- Texto 1 – *Memória e tecnologia* ............... 88
  - ▸ Interagindo com a crônica argumentativa ................................... 90
- Texto 2 – *Memória/Memorizar/Memorização* ... 93
  - ▸ Interagindo com o verbete de dicionário ..................................... 94
  - ▸ Intervalo – Marcadores discursivos de posicionamento ............................... 99
- ▸ Oficina de produção – Crônica argumentativa e debate regrado ............ 101
- ▸ Conheça ............................................ 103

## UNIDADE 7
### Indígenas no Brasil .................... 104

- Texto 1 – *Terras Indígenas* ...................... 106
  - ▸ Interagindo com o artigo de divulgação científica ..................................... 108
- Texto 2 – *Dia do Índio: Conheça o indígena Kleykeniho Fulni-ô* ............................. 110
  - ▸ Interagindo com a entrevista .............. 113
  - ▸ Intervalo – Coesão textual .................. 116
- ▸ Oficina de produção – Pesquisa, artigo de divulgação científica e seminário ........... 118
- ▸ Conheça ............................................ 121

## UNIDADE 8
### Vamos falar de fatos .................. 122

- Texto 1 – *Novas regras para agrotóxicos são aprovadas* ................................... 124
  - ▸ Interagindo com a notícia .................. 127
- Texto 2 – *Brasil usa 500 mil toneladas de agrotóxicos por ano, mas quantidade pode ser reduzida, dizem especialistas* ........... 132
  - ▸ Interagindo com a reportagem ............ 136
  - ▸ Intervalo – Relação semântica das conjunções ................................ 140
- ▸ Oficina de produção – Roteiro para reportagem e reportagem multimodal ...... 142
- ▸ Conheça ............................................ 143

**Bibliografia** ................................ 144

# UNIDADE 1
## A palavra é... diversão!

**O que você vai estudar?**
**Gêneros**
- Cartum
- Anedota

**Intervalo**
- Pontuação e sentido

**O que você vai produzir?**
**Oficina de produção**
- Concurso de anedotas (escrita e oral)

## Texto 1

### Antes de ler

Observe o texto abaixo e responda às questões oralmente.

1. O que você acha que lerá agora?
2. Quem é o autor do texto?

▶ Cartum para a revista *Continente*, criado por Jarbas Domingos. Disponível em: http://www.jarbasdomingos.com/#cartum-para-a-revista-continente. Acesso em: 23 out. 2020.

### Quem é o autor?

**Jarbas Domingos** nasceu no Recife, Pernambuco. Trabalha como cartunista profissional desde 1998. Publica charges, cartuns, caricaturas e ilustrações em jornais, revistas, *sites* e livros didáticos e infantis. É autor das tiras do Barô Barata, publicadas nos jornais *Folha de S.Paulo* e *Diário de Pernambuco* e na revista *Recreio*. Seus desenhos, quadrinhos e trabalhos de *design* gráfico já receberam dezenas de prêmios nacionais e internacionais.

# Interagindo com o cartum

**1** Descreva a cena do cartum.
_____
_____
_____

**2** Explique a mensagem do cartum.
_____
_____
_____

**3** O tema do cartum é:

a) o aprisionamento de pássaros.

b) a função da leitura.

c) a vida junto à natureza.

d) a liberdade dos pássaros.

**4** Crie um título para o cartum.
_____
_____

**5** Leia outro cartum do mesmo autor.

a) Quem são os personagens?
_____
_____
_____

▶ Cartum para o jornal *Folha de S.Paulo*, criado por Jarbas Domingos. Disponível em: https://www.jarbasdomingos.com/portfolio/para-a-folha-de-sao-paulo-3/. Acesso em: 26 out. 2020.

**b)** No cartum, uma mulher está chorando. Por quê?

_____

_____

**c)** Explique a função do balão no texto.

_____

_____

**d)** Observe o **símbolo #**, que introduz a fala. Explique o que parece significar a fala do bebê.

_____

_____

> Neste caso, o **símbolo #** significa **hashtag** e é utilizado por usuários das redes sociais, na internet. É colocado antes de uma palavra com o objetivo de indicar o assunto da mensagem que será postada. No Brasil, esse símbolo, chamado de cerquilha, também é conhecido como **jogo da velha**.

**6** Na cena do cartum é usado um recurso de linguagem chamado:

**a)** ironia.

**b)** metáfora.

**c)** comparação.

**d)** personificação.

**7** Pode-se concluir que o cartum tem como principal finalidade:

**a)** revelar um aspecto cômico da sociedade.

**b)** criticar um acontecimento político utilizando desenhos.

**c)** refletir criticamente sobre comportamentos humanos.

**d)** informar sobre temas polêmicos utilizando apenas imagens.

**8** Em que portadores textuais circulam cartuns? Em sua opinião, esses textos têm função social? Se sim, qual?

_____

_____

# Texto 2

## Antes de ler

1. Você sabe o que é anedota? Você já contou uma piada a alguém? Leia o título do texto: qual parece ser o assunto tratado?
2. Ainda de acordo com o título do texto, quem você acha que é o personagem principal? Agora, leia o texto para verificar suas suposições.

### "O maluco estava..."

*Paulo Tadeu*

O maluco estava passeando na praia. Nisso, ele dá de cara com um pinguim.

Acha estranho aquele animal perdido por ali, mas continua seu caminho. Olha para trás e vê o pinguim vindo atrás dele, seguindo-o.

Apressa o passo, vira para a esquerda, para a direita e nada de o bicho sair do seu encalço.

Até que encontra um velho amigo.

— Eu não consigo me livrar desse pinguim. Há horas que ele me segue.

— Ah, é fácil. Leve o bicho para o Zoológico.

— É mesmo. Como não pensei nisso antes?

Uma semana depois, o maluco e seu amigo se encontram novamente. Mas o amigo repara que o pinguim continua a acompanhar o maluco.

— Eu não falei para você levar o bicho para o Zoológico? Por que você não fez o que eu lhe disse?

— Mas eu levei. Hoje eu o estou levando até o museu e amanhã vou levá-lo até o parque.

Paulo Tadeu. O maluco estava... Em: *Continua proibido para maiores*: mais piadas para crianças. São Paulo: Matrix, 2008. p. 23.

## Quem é o autor?

**Paulo Tadeu** nasceu em Vitória, Espírito Santo. É editor e escritor de muitos livros de humor, com anedotas e adivinhas voltadas ao público infantil. O primeiro livro da série "Proibido para maiores" foi um *best-seller* e tornou-se inspiração para outras obras, como *Continua proibido para maiores* e *A fantástica fábrica de histórias para crianças*.

## Interagindo com a anedota

**1** A anedota é um texto narrativo cujo objetivo principal é contar uma história que provoque o riso. Agora, vamos relembrar alguns elementos do **Texto 2** – "O maluco estava...".

**a)** Quem são os personagens?

_____
_____

**b)** Em que lugar a maior parte dos acontecimentos narrados acontece?

_____
_____

**c)** O acontecimento narrado pode ser real? Por quê?

_____
_____
_____

**d)** Reconte a história de forma resumida.

_____
_____
_____
_____
_____
_____

**2** Releia este trecho da anedota e observe as palavras em destaque.

> O maluco estava passeando na praia. Nisso, **ele** dá de cara com um pinguim. Acha estranho **aquele animal** perdido por **ali**, mas continua **seu** caminho.

- Marque um **X** na resposta correta.

a) A quem a palavra **ele** se refere?

☐ Ao maluco.   ☐ Ao pinguim.   ☐ Ao velho amigo.

b) A que a expressão **aquele animal** se refere?

☐ Ao maluco.

☐ Ao pinguim.

☐ Ao caminho.

c) A que lugar a palavra **ali** se refere?

☐ Ao zoológico.

☐ À praia.

☐ Ao parque.

d) A quem a palavra **seu** se refere?

☐ Ao pinguim.

☐ Ao velho amigo.

☐ Ao maluco.

**3** Reescreva a frase a seguir substituindo as expressões destacadas por outras, sem alterar o sentido.

> **Apressa o passo**, vira para a esquerda, para a direita e nada de o bicho **sair do seu encalço**.

_____

_____

_____

**4** Releia este outro trecho da anedota.

> — **Eu** não falei para você levar o bicho para o Zoológico? Por que você não fez o que **eu** lhe disse?

a) Quem é o personagem que faz essas perguntas?
_____
_____

b) A quem a palavra eu se refere?
_____
_____

c) O que esse personagem quis dizer quando sugeriu ao maluco que levasse o bicho ao zoológico?
_____
_____
_____

d) O que o outro personagem entendeu?
_____
_____

**5** Crie um título para a anedota.
_____
_____

**6** Qual é o principal objetivo da história?

a) Informar o leitor sobre um fato cotidiano.

b) Opinar sobre um assunto atual.

c) Fazer o leitor rir.

d) Orientar o leitor sobre como agir.

**7** Antes de responder às questões a seguir, volte ao texto e observe como ele está organizado.

- Conte os parágrafos e numere-os.

    a) Pinte de ■ os parágrafos que contêm a fala dos personagens.

    b) Pinte de ■ os parágrafos em que o narrador conta a história.

    c) Como as falas dos personagens são indicadas para o leitor do texto?

    _____
    _____
    _____

**8** Leia o quadro sobre o humor nas anedotas.

> Nas **anedotas**, geralmente é o desfecho que provoca o riso no leitor. Mas o elemento humorístico também está presente ao longo desses textos.

- Em sua opinião, na anedota do maluco e do pinguim, o humor está presente em toda a narrativa? Justifique.

    _____
    _____
    _____
    _____

**9** Responda às perguntas.

a) Em que portadores textuais circulam as anedotas?

_____
_____

b) Em sua opinião, esses textos têm uma função social? Se sim, qual?

_____
_____

## Pontuação e sentido

**1** A pontuação de um texto ajuda a criar sentidos. Para pensar em como esse recurso ocorre na anedota, releia o trecho a seguir, observando a pontuação final no diálogo entre os personagens.

> — Eu não consigo me livrar desse pinguim. Há horas que ele me segue.
> — Ah, é fácil. Leve o bicho para o Zoológico.
> — É mesmo. Como não pensei nisso antes?
> Uma semana depois, o maluco e seu amigo se encontram novamente. Mas o amigo repara que o pinguim continua a acompanhar o maluco.
> — Eu não falei para você levar o bicho para o Zoológico? Por que você não fez o que eu lhe disse?
> — Mas eu levei. Hoje eu o estou levando até o museu e amanhã vou levá-lo até o parque.

a) Copie do trecho a frase em que o ponto de interrogação indica dúvida do personagem principal, o maluco. Escreva sua resposta entre aspas, pois você vai reproduzir uma parte do texto.

_____
_____

b) Agora, copie uma frase do trecho em que o ponto de interrogação indica uma pergunta feita pelo amigo ao maluco.

_____
_____
_____

c) O ponto final geralmente é usado em uma declaração afirmativa ou negativa. Nas duas falas iniciais do trecho, sublinhe uma declaração afirmativa e circule uma negativa.

**2** Leia o poema a seguir. Observe a relação entre o sentido do poema e a pontuação final dos versos.

### Perguntas do Gabriel

A nuvem, como funciona?
Gente também troca pilha?
Existe circo sem lona?
Existe algum mar sem ilha?

Mas onde fica, pai, onde?
Longe da casa da avó?
Dentro da fruta-de-conde
o conde está muito só?

A montanha também sofre?
Deus gosta de solidão?
Banco de praça tem cofre?
Para onde os dias vão?

Onde o céu esconde a chuva?
E quem, no alto, abre o chuveiro?
Lua é parente de luva?
O ovo é que nasceu primeiro?

Mas quem é que, lá de cima,
tinge de vermelho a uva,
pinta de laranja a lima,
cobre de preto a viúva?

São perguntas que o Biel
tira em penca do chapéu.
Mas, se tudo isso eu soubesse,
como eu faria essa prece?

Iacyr Anderson Freitas e outros. *O cavalo alado e outros poemas*. 2. ed.
Rio de Janeiro: Mary e Eliardo França, 2005. p. 5.

a) Circule a pontuação final dos versos. Que sinal de pontuação predomina no poema?

_____

b) Que efeito de sentido o autor cria com a repetição desse sinal de pontuação no texto?

_____
_____
_____

c) Copie os versos que indicam a explicação do autor sobre o assunto do poema.

_____
_____

## Oficina de produção

### Concurso de anedotas

Em geral, as anedotas (também chamadas de piadas) são um gênero de texto oral, pois, apesar de serem divulgadas em suporte escrito, tornam-se mais engraçadas quando contadas oralmente. Agora, você e os colegas vão pesquisar algumas piadas, transcrevê-las e formar uma roda para contá-las.

**RECORDAR**

1. Complete um mapa mental com as principais características de uma anedota. Assim, quando você quiser relembrar no que consiste esse gênero, é só consultá-lo.

| adequada | curta | final |
| riso | inesperado | piada |

**PLANEJAR**

2. Com a ajuda do professor, você e os colegas deverão fazer uma pesquisa, em livros e na internet, de anedotas adequadas para serem contadas em sala. Combinem se as piadas precisam ter o mesmo tema ou se podem ser variadas (por exemplo, sobre amizade, infância, família e escola).

## PRODUZIR

3. Escolha uma anedota para apresentar à turma e transcreva-a no caderno. Se for transcrever a piada que alguém lhe contar, anote todas as partes, para não comprometer o entendimento do humor. Faça as adequações necessárias da piada ao transpô-la da fala para a escrita, incluindo a pontuação e a paragrafação adequadas.
4. Ensaie a leitura da anedota. Veja algumas dicas:
    - **Postura:** posicione-se de modo que você seja visto por todo o público.
    - **Olhar:** olhe para a plateia demonstrando segurança e simpatia.
    - **Tom de voz:** sua voz deve ser audível, e você deve articular bem as palavras e falar com ritmo adequado às entonações exigidas pela anedota.
    - **Interpretação:** dê vida à anedota, criando vozes diferentes para os personagens
5. Para fazer uma apresentação divertida, fique atento aos seus gestos, à sua maneira de olhar os ouvintes, ao seu tom de voz, às pausas que você deve fazer durante a fala e à pronúncia das palavras.

## COMPARTILHAR

6. No dia combinado com o professor, apresente à turma a anedota que você escolheu e ensaiou.
7. Ao final das apresentações, avalie a atividade com os colegas e o professor, considerando as questões a seguir.
    - Todos colaboraram para que a atividade fosse bem realizada?
    - Vocês conseguiram atrair a atenção dos ouvintes enquanto contavam as piadas?
    - Quais foram as anedotas mais engraçadas? Todas eram adequadas? Alguém se sentiu ofendido? Por quê?
    - O que é necessário para que as futuras apresentações fiquem ainda melhores?

### Conheça

**Livro**
- *Lili inventa o mundo*, de Mario Quintana. São Paulo: Global, 2005. Neste livro, repleto de poesia, o autor reinventa o cotidiano, a natureza, as pessoas e os animais, e convida adultos e crianças a sonhar.

**Sites**
- *Divertudo*. Brincadeiras e biblioteca virtual para crianças. Disponível em: https://www.divertudo.com.br. Acesso em: 12 mar. 2020.
- *Jarbas Domingos*. Página oficial do cartunista Jarbas Domingos. Disponível em: https://www.jarbasdomingos.com. Acesso em: 12 mar. 2020.

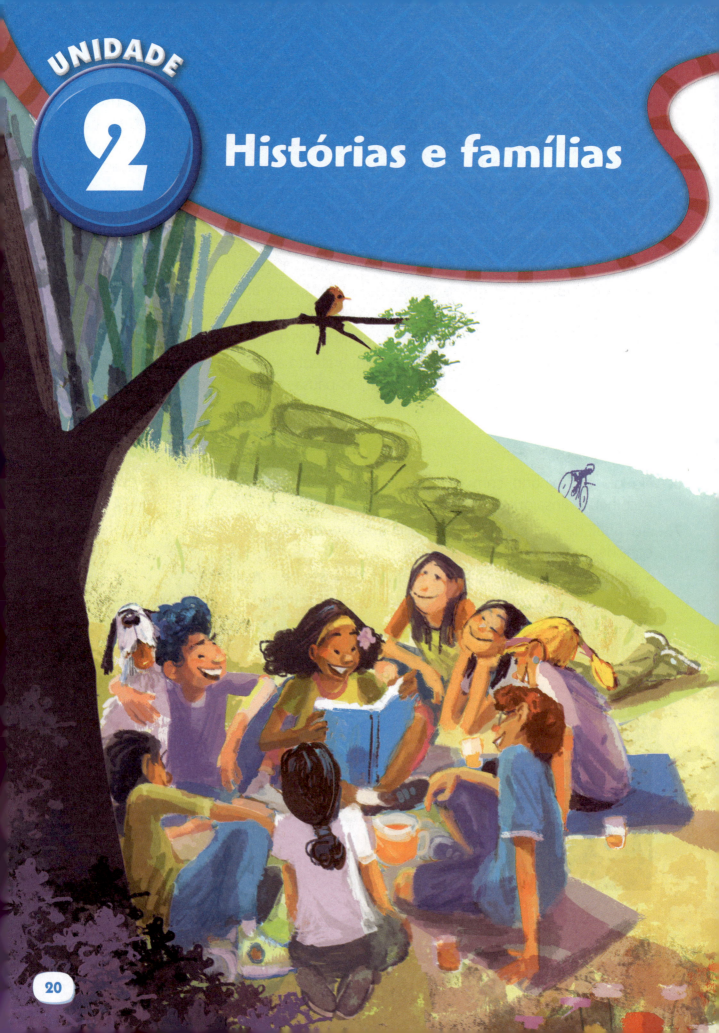

# UNIDADE 2
# Histórias e famílias

**O que você vai estudar?**

**Gêneros**
- Conto
- Crônica

**Intervalo**
- Tempos verbais do modo indicativo

**O que você vai produzir?**

**Oficina de produção**
- Conto (escrito)
- Sarau (oral)

### Antes de ler

**1.** Leia o título do texto. Qual será o assunto tratado?

**2.** Por que, nesse texto, muitos parágrafos são iniciados com travessão?

**3.** Qual tipo de texto você acha que vai ler agora?

## Silêncio de filha

*Jonas Ribeiro*

[...]
Era uma vez uma menina grande e uma menina pequena.

Uma era mãe e a outra era filha.

A mãe se chamava Marta.

E a filha, Juliana.

Na casa em que moravam a Marta e a Juliana também moravam um menino grande e um menino pequeno.

Um era pai e o outro era filho.

O pai se chamava Alberto.

E o filho, João.

As meninas eram falantes.

Os meninos, que antes eram silenciosos, passaram a gostar de falar, e tudo por causa das cartas mágicas que, virava e mexia, um escrevia para o outro.

Mesmo sendo falantes, Juliana e Marta trocavam bilhetes entre si, eram gostosos de escrever e receber. Agora, o que Juliana adorava fazer era contar os seus segredos pequeninos e gigantescos para o seu diário e fazer silêncio dentro de si para entender o que andava se passando em seu coração.

Gostava e precisava tanto desses momentos de silêncio que até apelidou seu diário de Psiu.

Embora confiasse na mãe, não era tudo que ia contando logo de cara. Primeiro, Juliana contava para o Psiu, e só depois que tudo se ajeitava melhor dentro dela e nas páginas do diário é que contava para a mãe. Depois que escrevia tudo o que queria, Ju fechava os olhos e abraçava seu diário aberto, como se ele também estivesse de braços estendidos para ganhar e ofertar um abraço. Tão logo o abraço acontecia, Marta entendia ainda mais a filha. Era como se, de repente, lesse a consciência da filha e sentisse o que ela estava sentindo.

Durante o jantar, Ju manteve-se calada. Marta percebeu que a filha estava incomodada com algo. Enquanto isso, João e Alberto brincavam de adivinhas e nada notaram.

— O que é, o que é, João? Fica cheio durante o dia e vazio à noite.

— É o sapato, pai.

— Assim não vale, você acerta todas. Vou fazer mais uma, quero só ver se você adivinha. O que é, o que é? É verde e não é planta, fala e não é gente.

— Papagaio!!!

— Não quero mais brincar com você.

— Nada disso, pai! Agora é a minha vez de perguntar.

— Tá bom, tá bom, pode perguntar.

— O que é, o que é? Um pássaro brasileiro e seu nome de trás para frente é igual.

Alberto pensou, pensou e não conseguiu desvendar.

Juliana deu um sorrisinho e falou:

— Eu sei o que é. Posso falar, João?

— Pode, Ju.

— É arara.

Marta ficou admirada com a inteligência dos filhos. Deu um beijo em cada um e comentou, abraçando o marido por trás:

— Nossos filhos são incríveis, não são? Bem, todo mundo já jantou, vou tirar a mesa. Você me ajuda, filha? A gente aproveita e conversa um pouquinho.

Era assim há anos. Alberto e João cuidavam do café da manhã, Marta e Juliana incumbiam-se do jantar, e, quanto ao almoço, Marta cuidava de tudo e todos ajudavam a colocar a mesa, retirar a louça e deixar os pratos e talheres limpos no escorredor. João e Alberto foram para a sala, continuar as adivinhas. Ju e Marta ficaram na cozinha, conversando e lavando a louça.

Abrir o coração para sua mãe foi ótimo, mas, mesmo com tanto apoio e carinho, o nó da garganta continuava ali, precisava ser desfeito. Juliana estava chateadíssima e sabia o que fazer. Pegou o seu diário, ajeitou-se embaixo da coberta e escreveu:

Oi, Psiu.

Sei que falo demais. E desta vez, falei o que não devia e acabei machucando a Marina. É que ela não tira um casaco xadrez. Basta fazer um friozinho de nada para ela aparecer com o famoso casaco. Das duas, uma: ou o casaco é filho único ou ela tem dez iguaizinhos. O fato é que, na quarta-feira, marcamos para fazer o trabalho de Geografia na casa da Sofia. Era mais um pretexto para vermos o irmãozinho dela, que nasceu na semana passada. O clima da casa estava delicioso, cheio de visitas, de cheiro de bebezinho, de novidade no ar. Pena que o pequeno Lucas sequer abriu os olhos. Estudamos no quarto da Sofia. Confesso que fiquei curiosa para ver a decoração do quarto do Lucas, pois, quando chegamos, estava todo mundo na sala e não deu para ficar transitando pela casa. Com tanta falação, não fizemos nem a metade do que pretendíamos fazer. Combinamos outro encontro, desta vez na biblioteca do colégio, e eu, para descontrair e dar uma de engraçada, comentei na frente do grupo, inclusive na presença da Marina:

– Só não vale a Marina aparecer na biblioteca de casaco xadrez...

A Marina arregalou os olhos e ficou sem jeito, com vontade de sumir. Ninguém achou graça no meu comentário. Como sou bocuda! Que fora! Tentei remediar a situação, mas nem tive cara de pedir desculpa. E pior, a Marina murchou, e olha que ela estava toda entusiasmada, dando um monte de ideias para o trabalho. Preciso aprender a segurar a língua, a pesar melhor as palavras antes de dizer tudo o que penso.

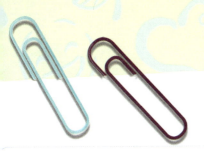

Agora há pouco, depois do jantar, enquanto lavava a louça, contei a minha mãe a mancada que dei. Aproveitei para chorar. Estava triste, não queria ter magoado a Marina. Minha mãe contou-me que, quando tinha a minha idade, uma amiga de classe perdeu o pai. [...]. Minha mãe nem era tão amiga assim da Vanessa, mas nada comentou com os amigos e esse respeitoso silêncio que soube preservar fez com que elas se tornassem grandes amigas. Minha mãe falou que, com certeza, se tivesse contado aos amigos o que ouvira sobre o pai da Vanessa, ela jamais teria se tornado sua melhor amiga. E que era muito importante a gente saber o que calar e o que falar, porque palavra é como flecha: uma vez disparada, não há como cancelar, voltar atrás.

Vou parar por aqui, querido Psiu, outro dia escreverei mais um pouco.

Beijinhos silenciosos.

Ju

[...]

Jonas Ribeiro. *Silêncio de filha*. São Paulo: Editora do Brasil, 2016. p. 6-7; 9-11.

### Quem é o autor?

**Jonas Ribeiro** nasceu na cidade de São Paulo, no ano de 1970. Começou a escrever aos 14 anos e já criou mais de 100 livros para crianças e adolescentes. Alguns desses livros são: *Abraços beijados, beijos abraçados*; *Uma ilha a mil milhas daqui*; *Deu a louca no guarda-roupa*; *Alfabético – almanaque do alfabeto poético*; *Palavra de filho*; *Meu mundo no mapa do mundo*; *O banho de cores* e *A fabulosa chuva de cores*.

## Interagindo com o conto

**1** Marque as opções que apresentam os personagens presentes no trecho do conto:

a) Marta e Juliana.

b) Alberto e João.

c) Rafael e Pedro.

d) Luiza e Clara.

**2** Qual é o **tipo de narrador** presente nesse texto?

_____

_____

> **Tipos de narrador**
>
> Há três tipos de narrador:
> - Narrador-personagem – aquele que participa como personagem. Nesse caso, a história é contada em 1ª pessoa.
> - Narrador observador – aquele que, apesar de conhecer o enredo, não é um dos personagens da história. Nesse caso, a história é narrada em 3ª pessoa.
> - Narrador onisciente – aquele que sabe de tudo o que se passa na história, incluindo os pensamentos, os sentimentos, o passado e o futuro dos personagens. Nesse caso, a narração costuma ser feita em 3ª pessoa, mas também pode estar em 1ª pessoa, quando são apresentados os pensamentos dos personagens ou do narrador.

**3** Quais outros gêneros aparecem nesse conto?

_____

**4** Por que o diário recebeu o nome de **Psiu**?

_____

_____

**5** Por que a personagem Juliana gosta de "fazer silêncio dentro de si".

**6** No trecho do conto que você leu, por que a personagem teve vontade de escrever no diário mesmo após conversar com sua mãe?

**7** Releia o seguinte fragmento do **Texto 1**:

> [...] E que era muito importante a gente saber o que calar e o que falar, porque palavra é como flecha: uma vez disparada, não há como cancelar, voltar atrás.

- Por que Marta deu esse conselho a Juliana?

_____

_____

**8** O <u>conto</u> é um gênero que apresenta uma série de características próprias. Considerando o **Texto 1**, assinale **V** para as características que pertencem ao conto e **F** para as características que não pertencem a esse gênero.

☐ Apresenta muitos personagens.

☐ É escrito em versos e estrofes.

☐ Apresenta poucos personagens.

> O <u>conto</u> é um texto narrativo de tamanho curto. Em geral, apresenta espaço e tempo demarcados, bem como número reduzido de personagens.

**9** Releia o seguinte trecho do **Texto 1**:

> Era assim há anos. Alberto e João cuidavam do café da manhã, Marta e Juliana **incumbiam-se** do jantar, e, quanto ao almoço, Marta cuidava de tudo e todos ajudavam a colocar a mesa, retirar a louça e deixar os pratos e talheres limpos no escorredor.

- Nesse trecho, a palavra em destaque significa:

a) encarregar-se.

b) ajudar.

c) não se ocupar.

d) dar uma tarefa a alguém.

# Texto 2

### Antes de ler

**1.** De acordo com sua análise, que tipo de texto você vai ler agora?

**2.** Leia o título do texto e responda: de que assunto ele trata?

**3.** Localize o nome do autor do texto. Você o conhece? Já leu algum texto dele?

## A bola

*Luis Fernando Verissimo*

O pai deu uma bola de presente ao filho. Lembrando o prazer que sentira ao ganhar a sua primeira bola do pai. Uma número 5 sem tento oficial de couro. Agora não era mais de couro, era de plástico. Mas era uma bola.

O garoto agradeceu, desembrulhou a bola e disse "Legal!". Ou o que os garotos dizem hoje em dia quando não gostam do presente ou não querem magoar o velho. Depois começou a girar a bola, à procura de alguma coisa.

— Como é que liga? — perguntou.

— Como, como é que liga? Não se liga.

O garoto procurou dentro do papel de embrulho.

— Não tem manual de instrução?

O pai começou a desanimar e a pensar que os tempos são outros. Que os tempos são decididamente outros.

— Não precisa manual de instrução.

— O que é que ela faz?

— Ela não faz nada. Você é que faz coisas com ela.

— O quê?

— Controla, chuta...

— Ah, então é uma bola.

— Claro que é uma bola.

— Uma bola, bola. Uma bola mesmo.

— Você pensou que fosse o quê?

— Nada, não.

O garoto agradeceu, disse "Legal" de novo, e dali a pouco o pai o encontrou na frente da tevê, com a bola nova do lado, manejando os controles de um *videogame*. Algo chamado *Monster Ball*, em que times de monstrinhos disputavam a posse de uma bola em forma de *blip* eletrônico na tela ao mesmo tempo que tentavam se destruir mutuamente. O garoto era bom no jogo. Tinha coordenação e raciocínio rápido. Estava ganhando da máquina.

O pai pegou a bola nova e ensaiou algumas embaixadas. Conseguiu equilibrar a bola no peito do pé, como antigamente, e chamou o garoto.

— Filho, olha.

O garoto disse "Legal" mas não desviou os olhos da tela. O pai segurou a bola com as mãos e a cheirou, tentando recapturar mentalmente o cheiro de couro. A bola cheirava a nada. Talvez um manual de instrução fosse uma boa ideia, pensou. Mas em inglês, para a garotada se interessar.

Luis Fernando Verissimo. A bola. Em: Luis Fernando Verissimo. *Comédias para se ler na escola*. Rio de Janeiro: Objetiva, 2010. *E-book*.

### Quem é o autor?

**Luis Fernando Verissimo** nasceu em Porto Alegre, Rio Grande do Sul. É escritor, humorista, cartunista e autor de teatro. Filho de outro grande escritor – Erico Verissimo –, Luis Fernando publicou mais de 60 títulos e é um dos mais populares autores brasileiros. Conhecido principalmente por suas crônicas e contos de humor, é também jornalista, tradutor, roteirista de programas de televisão e músico.

# Interagindo com a crônica

**1** Sobre a **crônica** que você acabou de ler, é possível afirmar que:

a) a história apresentada é muito longa.

b) a linguagem do texto é complexa.

c) a linguagem do texto é simples.

d) a história tem muitos personagens.

> A **crônica** é um gênero textual narrativo que costuma abordar assuntos do cotidiano, isto é, acontecimentos comuns do dia a dia. Consiste em uma narrativa curta, com poucos personagens e linguagem simples.

**2** Qual é a situação cotidiana abordada no texto lido?

_____

**3** Observe o uso das aspas neste trecho:

> O garoto agradeceu, desembrulhou a bola e disse **"Legal!"**.

- Explique por que as aspas foram empregadas nesse trecho.

_____
_____

**4** Releia o trecho a seguir.

> Depois começou a girar a bola, à procura de alguma coisa.
> — Como é que liga? — perguntou.

- Por que o filho faz essa pergunta ao pai?

_____
_____

**5** Por que o pai se sentiu desanimado e pensou que os tempos são outros?

_____
_____

## Tempos verbais do modo indicativo

**1** Releia os parágrafos a seguir, retirados do início da crônica, e observe os tempos verbais.

> O garoto agradeceu, desembrulhou a bola e disse "Legal!". Ou o que os garotos dizem hoje em dia quando não gostam do presente ou não querem magoar o velho. Depois começou a girar a bola, à procura de alguma coisa.

a) Copie os verbos conjugados no tempo presente do **indicativo**.

_____

_____

> O modo **indicativo** expressa a certeza de que algo **aconteceu** (no passado), **acontece** (no presente) ou **acontecerá** (no futuro).
> - O pai **pega** a bola nova.
> - O pai **pegou** a bola nova.
> - O pai **pegará** a bola nova.

b) Sublinhe os verbos conjugados no passado.

c) No trecho, que tempo verbal é utilizado pelo autor para indicar como os garotos são atualmente?

_____

_____

d) Que tempo verbal é utilizado pelo autor para contar o que aconteceu quando o pai deu a bola de presente ao menino?

_____

**2** Releia agora o desfecho da crônica, observando os verbos destacados.

> O garoto **disse** "Legal" mas não **desviou** os olhos da tela. O pai **segurou** a bola com as mãos e a **cheirou**, tentando recapturar mentalmente o cheiro de couro. A bola cheirava a nada. Talvez um manual de instrução **fosse** uma boa ideia, **pensou**. Mas em inglês, para a garotada se interessar.

a) No trecho, predominam verbos no presente, no passado ou no futuro? Responda e dê exemplos.
_____

b) Em que frase o verbo destacado indica uma possibilidade, e não uma certeza?
_____

**3** Leia novamente este trecho:

> O pai **pegou** a bola nova e **ensaiou** algumas embaixadas. **Conseguiu** equilibrar a bola no peito do pé, como antigamente, e **chamou** o garoto.

a) Reescreva o parágrafo utilizando os verbos destacados no presente do indicativo.
_____
_____
_____

b) Reescreva o parágrafo com os verbos destacados no futuro do indicativo.
_____
_____
_____

# Oficina de produção

## Conto e sarau

Agora que você já leu e e analisou um conto, chegou a sua vez de produzir um. Para ajudá-lo nessa tarefa, vamos recordar as principais características desse gênero.

### RECORDAR

1. Faça o resumo das principais características do gênero conto em um mapa mental. Assim, quando você quiser relembrar esse gênero, é só consultar o esquema. Considerando os elementos do conto, complete as lacunas utilizando as opções a seguir.

| curta | enredo | espaço | fictícia |
|---|---|---|---|
| narrador | personagem | tempo | |

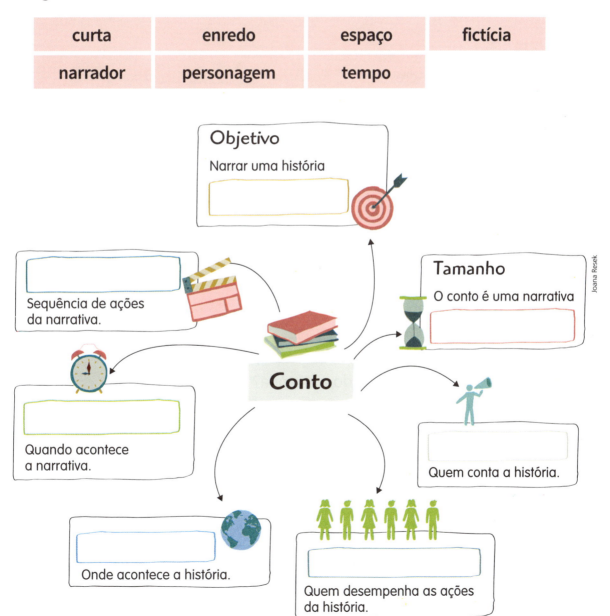

## PLANEJAR

Vamos iniciar agora o planejamento da escrita. Observe as orientações a seguir.

2. Ao pensar na história que você contará, lembre-se de que o conto é uma narrativa curta, por isso, antes de escrever, planeje de que modo a história começará, como ela se desenvolverá e qual será seu desfecho.
3. Pense em quem serão os personagens da história. Não se esqueça de que, no gênero conto, não deve haver muitos personagens.
4. Lembre-se de que textos narrativos apresentam um conflito – a situação-problema causadora de tensão na história – e um clímax – o momento de maior tensão do conto.
5. Escolha o tipo de narrador: o texto pode ser narrado em 1ª pessoa – quem conta a história e também participa dela – ou em 3ª pessoa – quem conta a história, mas não participa dela.

## PRODUZIR

Chegou a hora de escrever.

6. Estabeleça diálogos entre os personagens que criou, usando o travessão para sinalizar as falas de cada um.
7. Lembre-se de que o enredo deve intrigar o leitor, mantendo o interesse dele na leitura do conto.
8. Escreva o desfecho da história de modo que provoque no leitor o efeito que você deseja: humor, surpresa, tristeza, entre outros.
9. Escolha um título interessante e relacionado ao assunto do conto.

## AVALIAR

10. Depois de escrever, troque o seu conto com o de um colega. Leia a história dele e faça as seguintes verificações:
    - A leitura está clara e pode ser bem compreendida?
    - O título escolhido é adequado à história?
    - O conto apresenta conflito, clímax e desfecho?
11. Se alguma dessas características não estiver presente no conto, indique ao colega o que está faltando.
12. Escute o que ele tem a dizer sobre seu conto e faça as alterações necessárias.

## COMPARTILHAR

13. Com os contos produzidos e avaliados, chegou o momento de compartilhar sua história com outros colegas da escola: um **sarau** organizado por sua turma e pelo professor.

O **sarau** é um evento que reúne pessoas interessadas em realizar manifestações artísticas, como a leitura de livros e de poesia, danças e apresentações musicais e teatrais.

**14.** Com a ajuda da turma, o professor organizará esse evento, estabelecendo o dia, o local e a ordem das apresentações.

**15.** Ensaie com antecedência a leitura do conto que você criou: releia-o diversas vezes em voz alta e pratique a entonação que será dada a cada frase. Lembre-se de que o sucesso da apresentação também depende disso.

**16.** Após a realização do evento, avalie a atividade com os colegas e o professor. Vocês podem considerar o seguinte:
- Quais foram os aspectos positivos da apresentação?
- O sarau atraiu a atenção e o interesse do público?
- Tudo correu conforme o planejado?
- Algum item deve ser aprimorado para um próximo sarau?

### Conheça

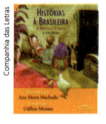

Companhia das Letras

**Livro**
- *Histórias à brasileira – a moura torta e outra*, de Ana Maria Machado. São Paulo: Companhia das Letrinhas, 2002.
No livro, Ana Maria Machado reconta dez histórias tradicionais ao estilo brasileiro. São narrativas muito presentes na cultura oral e no folclore do Brasil e do mundo, embora os autores sejam desconhecidos.

**Filme**
- *Monstros S.A.*, de Pete Docter, David Silverman e Lee Unkrich. Estados Unidos, 2001. O monstro James Sullivan, um dos mais assustadores, e o monstro Mike, seu melhor amigo, vivem em uma dimensão paralela, na qual têm a missão de assustar crianças, consideradas tóxicas. Em uma de suas visitas ao mundo dos seres humanos, Sulley (James Sullivan) conhece a garota Boo, que acaba indo parar em Monstrópolis (92 min).

Pixar Animation Studios

**Podcast**
- *Era uma vez um podcast*. O *podcast* conta histórias infantis de todos os tipos: dos tradicionais contos de fadas a fábulas de toda parte do mundo. Há, ainda, histórias originais, contadas com os objetivos de estimular a imaginação das crianças e de transmitir boas mensagens. Disponível em: https://eraumavezumpodcast.com.br. Acesso em: 6 dez. 2019.

# UNIDADE 3
## Como se faz?

**O que você vai estudar?**

**Gêneros**
- Regra de jogo
- Receita

**Intervalo**
- Uso de infinitivo e imperativo em texto instrucional

**O que você vai produzir?**

**Oficina de produção**
- Regra de jogo (escrita)

### Antes de ler

1. Observe o texto que você lerá agora. Que tipo de texto é esse?
2. O que significa a expressão "cara a cara", que está no título do texto?
3. Por que alguns parágrafos são numerados?

## CARA A CARA

**Dica aos adultos:** leia as instruções a seguir com atenção e – ao mesmo tempo – vá jogando com a criança.

### CONTÉM

- 48 molduras de plástico, 48 cartas ilustradas, 24 cartas de adivinhação, 2 tabuleiros e 4 pinos marcapontos. (Atenção! Dois dos quatro pinos marcapontos são pinos reservas.)

### COMO PREPARAR O JOGO

1. Peça para um adulto destacar as molduras e os marcadores de ponto, se possível com o auxílio de uma tesoura sem pontas (não inclusa).
2. Coloque o pino em forma de seta (figura 1) no trilho do tabuleiro com a seta virada para os números. Depois encaixe a peça que possui dois buracos na parte de baixo do tabuleiro para travar a seta. Pressione uma peça contra a outra até ter certeza de que elas estão travadas! O marcador de pontos deve se movimentar facilmente.
3. Destaque as cartas azuis e vermelhas e coloque cada uma dentro de uma das molduras (figura 2).
4. Encaixe as molduras com as cartas azuis em qualquer posição do tabuleiro azul, encaixando a dobradiça nos buracos do tabuleiro (figura 3). Faça o mesmo com as cartas vermelhas no tabuleiro vermelho. As molduras devem se movimentar com facilidade.
5. Destaque as cartas cinza e as embaralhe.

## COMEÇANDO O JOGO

Cada jogador escolhe um tabuleiro e coloca-o com todas as **caras** levantadas e viradas para si. Então, cada um pega uma carta cinza sem que o outro jogador veja, pois esta será a **cara** que o adversário terá que adivinhar, e a coloca na fenda do tabuleiro (figura 4).

Decida quem vai começar o jogo. Cada jogador deverá fazer perguntas ao outro para tentar adivinhar qual é a **cara**. Estas perguntas deverão ser sobre as características da **cara**.

Só poderá ser feita uma pergunta por vez.

**CUIDADO:** Evite responder demais. Diga apenas SIM ou NÃO, ou poderá ajudar seu adversário.

De acordo com a resposta do seu adversário você irá descartando as **caras** que não têm a característica perguntada. Exemplo: Se você perguntar se a **cara** usa chapéu e seu adversário responder que sim, abaixe todas as molduras das **caras** que não usam chapéu; se seu adversário responder que não, abaixe todas as que usarem chapéu. E assim sucessivamente.

[...]

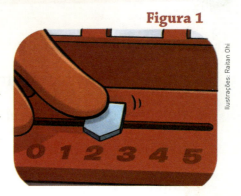
Figura 1

Figura 2

Figura 3

Figura 4

MANUAL *Cara a cara*. Disponível em: https://estrela.vteximg.com.br/arquivos/Manual-Cara-a-Cara.pdf. Acesso em: 16 mar. 2020.

# Interagindo com a regra do jogo

**1** O texto tem como finalidade:

a) relatar um acontecimento relacionado a um jogador.

b) defender um ponto de vista sobre a qualidade do jogo *Cara a cara*.

c) instruir os jogadores sobre como jogar *Cara a cara*.

d) anunciar o jogo *Cara a cara*.

> A **regra de jogo** é um gênero instrucional cuja função é ensinar, de modo detalhado, como se joga determinado jogo.

**2** Releia o seguinte trecho do texto.

> **Depois** encaixe a peça que possui dois buracos na parte de baixo do tabuleiro para travar a seta.

- No trecho, a palavra em destaque expressa a ideia de:

a) tempo.

b) explicação.

c) finalidade.

d) adição.

**3** Observe novamente as figuras presentes no **Texto 1**.

▶ Figura 1

▶ Figura 2

▶ Figura 3

▶ Figura 4

- Qual é a função delas?

_____

_____

**4** Releia o trecho a seguir.

> Peça para um adulto destacar as molduras e os marcadores de ponto, se possível com o auxílio de uma tesoura sem pontas (**não inclusa**).

- Qual é o sentido da expressão entre parênteses?

_____

**5** Observe a **estrutura do texto** das páginas 38 e 39.
- São apresentados três subtítulos, que organizam o texto em três partes. Qual é a função de cada uma?

| | |
|---|---|
| CONTÉM | |
| COMO PREPARAR O JOGO | |
| COMEÇANDO O JOGO | |

**Estrutura do texto**: a regra de jogo pode ser organizada em partes, com funções diferentes. Geralmente são indicados no início os itens inclusos no jogo, em seguida são expostas as etapas de montagem do jogo e, ao final, estão as instruções de como jogar.

**6** Releia este outro trecho.

> [...] se seu adversário responder que não, abaixe todas as [caras] que usarem chapéu. E assim **sucessivamente**.

- A palavra em destaque pode ser substituída, sem perder o sentido, por:

a) lentamente.

b) continuamente.

c) com sucesso.

d) rapidamente.

**7** Na segunda parte do texto, os seguintes verbos são usados para iniciar os tópicos: **peça**, **coloque**, **destaque** e **encaixe**.

- A quem esses verbos se dirigem?

_____

_____

**8** Considere os verbos da questão anterior, conjugados no **imperativo**, e responda.

- Esses verbos expressam ideia de:

a) dúvida.

b) desejo.

c) imprecisão.

d) orientação.

> Os textos instrucionais, como a regra de jogo, frequentemente trazem os verbos no modo **imperativo**, que é empregado para transmitir a ideia de orientação/instrução/ordem.

**9** Releia o trecho a seguir.

> Cada jogador escolhe um tabuleiro e coloca-**o** com todas as caras levantadas e viradas para si.

- O pronome destacado refere-se a qual termo na frase?

_____

**10** No final do texto há uma exemplificação:

> Exemplo: Se você perguntar se a **cara** usa chapéu e seu adversário responder que sim, abaixe todas as molduras das caras que não usam chapéu [...].

- Por que o autor usa esse recurso de exemplificação?

_____

_____

### Antes de ler

1. Você lerá agora outro texto instrucional. Qual é o gênero textual?
2. Parece ser uma receita difícil? Justifique sua resposta.

## BRIGADEIRO DE GELADEIRA, SEM FOGÃO

**RENDIMENTO:**
2 PORÇÕES

**TEMPO DE PREPARO:**
6 MIN

### Ingredientes

- 1/2 lata de leite condensado
- 2 colheres de sopa de chocolate em pó
- Chocolate granulado colorido/preto

### Modo de preparo

1. Misturar o chocolate em pó com o leite condensado e colocar em uma tigela.
2. Deixar na geladeira por 40 minutos.
3. Retirar a massa da tigela e enrolar, formando bolinhas.
4. Envolver as bolinhas no chocolate granulado, criando os brigadeiros.

Texto elaborado para essa coleção com fins didáticos.

**Interagindo com a receita**

**1** O texto lido é composto de algumas partes. Quais são elas?

_____
_____
_____

**2** Qual é a função dos numerais colocados na introdução de cada item do **Modo de preparo**? Marque a afirmativa correta.

a) Indicar quantidade de ingredientes.

b) Determinar o tempo de preparo.

c) Apresentar orientações que podem ser seguidas sem a ordem estabelecida.

d) Enumerar a sequência de procedimentos necessários para a realização da receita.

> A **receita** é um gênero instrucional cuja função é ensinar a preparar um alimento. Há sempre duas partes fundamentais nesse tipo de texto: Ingredientes e Modo de preparo.

**3** No trecho "chocolate granulado colorido/preto", a barra entre as palavras **colorido** e **preto** foi usada para quê?

_____
_____

**4** A barra destacada na questão anterior poderia ser substituída, sem perda de sentido, por:

a) e.

b) mas.

c) ou.

d) com.

**5** Releia o trecho abaixo e observe os verbos em destaque.

> **Misturar** o chocolate em pó com o leite condensado e **colocar** em uma tigela.

- Os verbos destacados estão no infinitivo. Assinale a alternativa a seguir que apresenta outro verbo no infinitivo.

a) Fazer.

b) Fazia.

c) Faça.

d) Farei.

Nos **textos instrucionais**, como a receita, é comum que as instruções sejam organizadas com verbos no imperativo ou no infinitivo.

**6** Caso os verbos da frase em destaque na questão anterior estivessem no imperativo, como o trecho seria escrito?

_____

_____

**7** Além de ser enrolado em bolinhas, o brigadeiro também pode ser colocado em copinhos, para ser comido com colher.

- Elabore a instrução para que o leitor faça o brigadeiro de copinho, alterando o passo 3 da receita.

_____

_____

_____

 Intervalo

## Uso de infinitivo e imperativo em texto instrucional

**1** O imperativo é o modo verbal usado para expressar uma ordem, um desejo ou uma sugestão. Circule no trecho do **Texto 1** abaixo os verbos que indicam essas noções.

> Coloque o pino em forma de seta (figura 1) no trilho do tabuleiro com a seta virada para os números. Depois encaixe a peça que possui dois buracos na parte de baixo do tabuleiro para travar a seta. Pressione uma peça contra a outra até ter certeza de que elas estão travadas!

**2** Compare o trecho citado na questão anterior com este:

> **Colocar** o pino em forma de seta (figura 1) no trilho do tabuleiro com a seta virada para os números. Depois **encaixar** a peça que possui dois buracos na parte de baixo do tabuleiro para travar a seta. **Pressionar** uma peça contra a outra até ter certeza de que elas estão travadas!

a) O que mudou na forma de conjugação dos verbos destacados?

___

b) O **sentido** do texto mudou? Explique sua resposta.

___

___

**3** Leia esta tirinha do Armandinho, personagem de Alexandre Beck.

▶ Tirinha do personagem Armandinho, criada por Alexandre Beck e publicada na *Folhinha*, em 19 de março de 2016.

a) Que verbo está no imperativo?

_____

b) O imperativo é empregado para diferentes **funções comunicativas**, em contextos diversos. Na tirinha, qual é a função do verbo no imperativo?

_____

c) Explique o efeito de humor da tira.

_____

_____

_____

_____

> A **função comunicativa** que o imperativo expressa depende do contexto de enunciação desse modo verbal e, na oralidade, da entonação que se dá à sentença. Dessa forma, ele pode indicar ordem, apelo, conselho, convite, sugestão ou pedido.

**4** Além da função de ordem ou comando, o imperativo pode chamar a atenção do interlocutor, animando-o a agir conforme expressa o verbo.

- Nas sentenças a seguir, indique quais funções comunicativas são produzidas por meio do imperativo.

a) **Ajude** a preservar o planeta com pequenas ações cotidianas.

_____

b) Por causa da crise hídrica, **evitemos** o desperdício de água.

_____

c) **Não desanime**! Pequenas ações de preservação podem mudar o mundo!

_____

d) Para evitar mais poluição na atmosfera, **deixe** o carro na garagem e **ande** de bicicleta.

_____

# Oficina de produção

## Regra de jogo

Quantas vezes você já jogou um jogo em família ou com seus amigos? Já pensou em brincar com um jogo inventado por você e seus colegas? É o que vamos fazer hoje! Para isso, é necessário estabelecer as regras do jogo. Então, vamos começar recordando as principais características desse gênero.

**RECORDAR**

1. Faça o resumo das principais características de uma regra de jogo em um mapa mental. Assim, quando você quiser relembrar esse gênero, é só consultar o esquema. Considerando os elementos da regra de jogo, complete as lacunas utilizando as opções a seguir.

| BRINCAR | ENSINAR | ILUSTRAM | IMPERATIVO |
| JOGO | MONTAGEM | ORIENTAÇÃO | TÓPICOS |

## PLANEJAR

Agora que conhecemos mais a fundo as características da regra de jogo, vamos iniciar o planejamento da escrita, que deverá ser feita em equipes.

2. Conversem sobre o jogo que vão criar. Quantos jogadores poderão participar? É preciso algum objeto ou material para jogar? O que será ou não permitido no jogo?
3. Lembrem-se de que o texto pode incluir diferentes partes. Sigam esta ordem: itens inclusos no jogo, modo de montagem e, por fim, regras do jogo.
4. Escolham um nome para o jogo que vocês criaram.

## PRODUZIR

5. Observem que o texto da regra de jogo é apresentado em tópicos.
6. Cada instrução deve conter verbos no imperativo ou no infinitivo. Escolham um deles e escrevam todas as instruções usando a mesma forma verbal.
7. Ao explicar como jogar, descrevam passo a passo cada ação possível.
8. É importante que, nas regras, fique claro qual é o objetivo do jogo.

## AVALIAR

9. Agora que o jogo está criado e as regras estão escritas, os grupos devem trocá-las entre si e testá-las para verificar se as instruções estão compreensíveis.
10. Caso seja identificado algum equívoco, o grupo deve propor uma correção.

## COMPARTILHAR

11. O grupo pode criar uma versão ilustrada com desenhos ou fotografias ou utilizar um *software* de edição de textos para elaborar a versão final das regras do jogo. O texto pode, então, ser distribuído também aos colegas de outras turmas ou, ainda, compartilhado por *e-mail* e nas redes sociais.

### Conheça

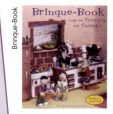
Brinque-Book

**Livro**
- *Brinque-Book com as crianças na cozinha*, de Gilda de Aquino e Estela Schauffert. São Paulo: Brinque-Book, 2005.
No livro, você encontrará 37 receitas próprias para crianças. Com a ajuda de um adulto, é possível preparar bolos, *pizzas* e muito mais.

**Site**
- *Limerique* – Brincadeira em família. *Site* que propõe a realização de diferentes brincadeiras. Disponível em: http://limerique.com.br/. Acesso em: 16 mar. 2020.

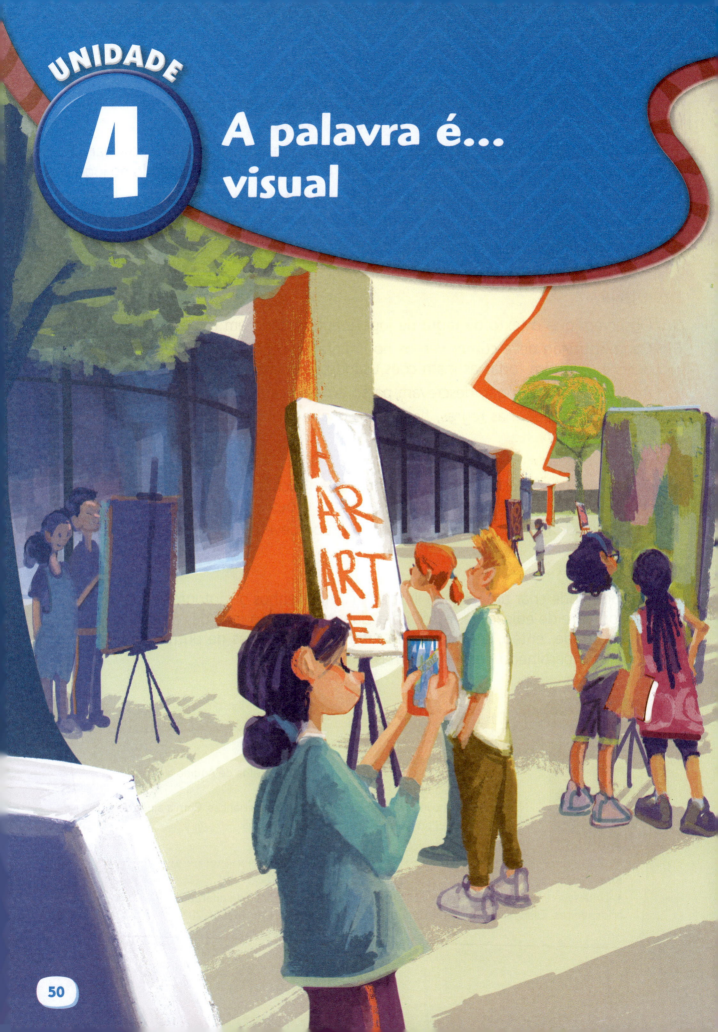

**O que você vai estudar?**
**Gêneros**
- Poema
- Poema visual e ciberpoema

**Intervalo**
- Conotação e denotação

**O que você vai produzir?**
**Oficina de produção**
- Poema visual (escrito)

# Texto 1

### Antes de ler

1. Com base no título, qual parece ser a temática do texto?
2. Por que o texto é um poema?

## Hora da brincadeira

*João Anzanello Carrascoza*

A língua que falamos é engraçada.
Pra perceber, fique de antena ligada.

Não se pode levar tudo ao pé da letra,
senão acaba dando a maior treta.

Abacaxi é coisa difícil de fazer.
Dar bolo em alguém é não aparecer.

Pauleira é correria; bate-boca, discussão.
Ir à festa sem ser convidado é bicão.

Cair como um patinho é ser enganado,
sujeito careta é um cara antiquado.

Fazer tricô é o mesmo que fofoca,
uma situação complicada é broca.

Fazer sucesso é abafar, arrepiar;
ir para o beleléu é fracassar.

Chutar é afirmar sem ter certeza,
viver à sombra é querer moleza.

Banho é derrota, cabeça é cuca,
pessoa sem um parafuso é maluca.

Sandra Lavandeira

Preguiçoso é quem fica na maciota,
mentir é o mesmo que contar lorota.

Aproveitar é tirar uma casquinha.
Arrecadar grana com amigos é vaquinha.

Neca é nada, na bucha é no ato,
dar uma de bobo é pagar o pato.

Coisa sem valor é coisa mixuruca,
desejar mal para alguém é uruca.

Xarope é uma pessoa bem chata,
chupim é quem vive na mamata.

Desaparecer é tomar chá de sumiço,
estar fora é não assumir compromisso.

Velho é pai, coisa pode ser treco,
confusão é sempre perereco.

Colega duro de aturar é mala,
cabular é faltar à aula.

Estudar a nossa língua é maneiro.
Brincar com palavras é recreio.

João Anzanello Carrascoza. Hora da brincadeira. *Recreio*, São Paulo, 2004. p. 36-37. Edição especial.

### Quem é o autor?

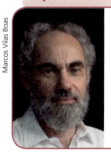

**João Anzanello Carrascoza** nasceu na cidade de Cravinhos, São Paulo. Atuou como redator de propaganda e é professor universitário. Publicou vários livros de contos, novelas e romances para o público infantojuvenil. Recebeu prêmios, entre eles o Prêmio Guimarães Rosa, em 1993, pelo livro *Duas tardes e outros encontros silenciosos*, e o Prêmio Fundação Nacional do Livro Infantil e Juvenil, em 2013, pelo livro *Aquela água toda*.

## Interagindo com o poema

**1** Você sabe o que é o **eu lírico** de um poema? Leia a definição.

> Chamamos a "voz" que fala e se exprime nos versos de um poema de **eu lírico** (ou sujeito poético). O eu lírico não é o poeta, ou seja, o autor do poema. Essa voz tanto pode representar os sentimentos do poeta quanto tratar de sensações e vivências inventadas por ele. Assim, por exemplo, em um poema que tenha sido escrito por um homem, o eu lírico pode ser uma mulher.

- Agora, releia os versos a seguir.

> Não se pode levar tudo ao pé da letra,
> senão acaba dando a maior treta.

**a)** Explique o que o eu lírico afirma nesses versos.

_____
_____
_____

**b)** De acordo com a afirmação dessa estrofe, escreva pelo menos uma expressão comum do cotidiano que também não pode ser levada "ao pé da letra".

_____
_____

**2** Para marcar o ritmo do **poema**, ocorre uma repetição sonora chamada **rima**.

> O **poema** é uma composição de tamanho variado, geralmente estruturada em versos e estrofes, em que um eu lírico expressa sentimentos e emoções. A composição poética explora a sonoridade das palavras para dar ritmo ao texto, o que pode ser feito por meio de rimas e de diferentes recursos de linguagem.
>
> Em um poema, a musicalidade é transmitida pelo ritmo, que é marcado pela sonoridade das **rimas** e pela variação de sons fracos e fortes das palavras que compõem os versos.

- Volte ao poema "Hora da brincadeira" e circule as rimas.

**3** Em algumas estrofes do poema, é possível inverter a ordem dos versos sem modificar o sentido delas. Em outros casos, porém, se a ordem dos versos for alterada, a estrofe fica sem sentido. Qual das estrofes a seguir tem versos cuja ordem não pode variar?

a) "Xarope é uma pessoa bem chata, /chupim é quem vive na mamata."

b) "Não se pode levar tudo ao pé da letra, /senão acaba dando a maior treta."

c) "Chutar é afirmar sem ter certeza, /viver à sombra é querer moleza."

d) "Fazer tricô é o mesmo que fofoca, /uma situação complicada é broca."

**4** Em alguns trechos de "Hora da brincadeira", o poeta usa a **variante formal** da língua para fazer definições. Em outros, utiliza a **variante informal**, com expressões populares divertidas e gírias. Veja os conceitos a seguir.

> **Variante formal** é o registro utilizado em situações nas quais é preciso obedecer rigidamente à norma-padrão.
>
> **Variante informal** é o registro que utiliza a norma-padrão de maneira mais flexível. Caracteriza-se, principalmente, pelo uso de vocábulos comuns no dia a dia das pessoas e de gírias, expressões populares etc.
>
> Coisa sem valor é coisa mixuruca.
>
> Chutar é afirmar sem ter certeza.
>
> Estudar a nossa língua é maneiro.
>
> Cair como um patinho é ser enganado.

- Dê definições para as gírias a seguir que sejam diferentes das usadas pelo poeta. Mantenha a variante formal nos significados que atribuir às gírias.

a) Lorota é _____.

b) Uruca é _____.

**5** Complete as lacunas com expressões populares ou com gírias que tenham o mesmo significado das expressões a seguir.

a) Situação complicada: _____

_____.

b) Não assumir um compromisso: _____

_____.

## Conotação e denotação

**1** Observe as expressões populares reproduzidas a seguir. Responda oralmente: qual é o significado de cada uma dessas expressões?

a) Dormir no ponto.

b) Tomar um banho de gato.

**2** As palavras e expressões destacadas na estrofe a seguir estão no sentido denotativo ou conotativo?

> **Abacaxi** é coisa difícil de fazer.
> **Dar bolo** em alguém é não aparecer.

_____

**3** As palavras têm diferentes sentidos, que variam de acordo com o contexto. Elas podem ser utilizadas no **sentido denotativo** e no **sentido conotativo**. Vamos pensar um pouco mais sobre a relação entre o sentido das palavras e o contexto em que são usadas?

**Sentido denotativo:** o sentido mais comum de uma palavra é o **sentido literal**. Por exemplo, o sentido literal de **cobra** é "animal de corpo alongado, sem membros, que rasteja".
**Sentido conotativo:** quando empregamos uma palavra com um sentido diferente do literal, dizemos que seu sentido é figurado. Por exemplo, na frase "Ele é uma cobra", a palavra cobra tem sentido figurado: significa "mau, perverso, falso".

**4** Escreva os sentidos conotativos das palavras a seguir, de acordo com o poema "Hora da brincadeira". Em seguida, crie frases com esses termos utilizando-os no sentido denotativo.

a) Vaquinha: _____

_____.

b) Banho: _____

_____.

# Texto 2

### Antes de ler

1. A organização das palavras lembra qual imagem?
2. O que representa a faixa azul? Como você chegou a essa conclusão?
3. A que gênero o texto pertence?

Neste
mar
a vida
é breve
breve
a vinda
breve
a volta
para o Rio
Bombaim
ou Mombassa
a vida breve
a vida
passa
como um rolo
de fumaça
breve breve
passa passa
qual Caronte
(o barqueiro)
ansioso
em sua barca
ou um besouro
sob a chuva
na vidraça
na vidra
na vi
na
vi
o

### Quem são os autores?

**Sérgio Capparelli** é escritor de literatura infantojuvenil e jornalista. Nasceu em Uberlândia (MG) e desde 2005 vive em Pequim, na China, onde trabalha em uma agência de notícias. Já recebeu quatro vezes o Prêmio Jabuti, um dos mais importantes prêmios literários do Brasil.

**Ana Cláudia Gruszynski** é *designer* gráfica e professora no curso de Comunicação da Universidade Federal do Rio Grande do Sul (UFRGS). Nasceu em Porto Alegre (RS). Em 2001 recebeu o Prêmio Ilustrador-revelação, pela Fundação Nacional do Livro Infantil e Juvenil.

Sérgio Capparelli e Ana Cláudia Gruszynski. Navio. Em: *Poesia visual*. São Paulo: Global, 2001. p. 5.

# Interagindo com o poema visual

**1** Levante hipóteses: O poema do **Texto 2** foi criado para ser apenas lido ou também para ser visto?

_____

_____

> O **poema visual** explora recursos visuais para formar imagens com palavras. Apresenta função e características semelhantes às do poema tradicional, porém é composto para ser também visto, além de lido.

**2** Você sabe o que é **metáfora**? É um recurso muito utilizado em linguagem poética, em que as palavras assumem um sentido figurado, conotativo.

> **Metáfora** é uma figura de linguagem. Ocorre quando se usa uma palavra ou uma expressão em um sentido que não é muito comum, para uma comparação ou uma relação de semelhança entre dois termos.

- Sobre as metáforas utilizadas no poema, marque **V** nas afirmações verdadeiras e **F** nas afirmações falsas.

  ☐ O mar é uma metáfora para a vida, que é comparada com uma viagem de navio.

  ☐ No poema, a vida também é comparada com um barqueiro e com um besouro.

**3** Releia este trecho do poema "Navio" e observe as letras destacadas.

a **v**ida
é bre**v**e
bre**v**e
a **v**inda
bre**v**e
a **v**olta

Sérgio Capparelli e Ana Cláudia Gruszynski

58

**a)** Que palavras desses versos possibilitam identificar a comparação feita entre a vida e uma viagem?

_____

_____

**b)** Considerando a importância do ritmo em um poema, por que ocorre a repetição da letra **v**?

_____

_____

_____

**4** Releia estes versos e observe as palavras destacadas.

para o **Rio**
**Bombaim**
ou **Mombassa**

a) Pesquise na internet ou em livros na biblioteca os nomes dos lugares destacados nos versos acima. Depois, escreva no caderno o que você descobriu.

b) O que essas cidades têm em comum? Considerando o contexto do poema, levante hipóteses e responda no caderno: Por que elas foram citadas?

Releia o trecho a seguir para responder às questões **5** e **6**.

**qual** Caronte
(o barqueiro)
ansioso
em sua barca

**5** Para não alterar o sentido do verso, a palavra destacada só não pode ser substituída por:

a) como.

b) conforme.

c) semelhante a.

d) mas.

**6** Leia o verbete abaixo e, em seguida, responda ao que se pede.

> **Caronte** (ca.ron.te)
> **substantivo masculino**
> **1.** MITOLOGIA na mitologia grega, barqueiro responsável pela condução das almas dos falecidos através dos rios que separam o mundo dos vivos do mundo dos mortos.
> **2.** ASTRONOMIA o maior satélite natural de Plutão.
> **ORIGEM DA PALAVRA**|Do latim *Charonte*.

Caronte. Em: *Meu Dicionário*. Disponível em: https://www.meudicionario.org/caronte. Acesso em: 17 mar. 2020.

**a)** A qual dos sentidos de Caronte o poema "Navio" faz referência? Como você chegou a essa conclusão?

_____

_____

_____

**b)** No trecho destacado, a expressão entre parênteses tem a função de:

☐ acrescentar uma informação.

☐ fazer uma enumeração.

**c)** Explique a relação entre a menção a Caronte e o assunto do poema.

_____

_____

**7** Releia os versos finais do poema "Navio".

ou um besouro
sob a chuva
na vidraça
na vidra
na vi
na
vi
o

Sérgio Capparelli e Ana Cláudia Gruszynski

- Por que o texto assume esse formato?

_____

_____

**8** O poema "Navio" também foi feito em formato de **ciberpoema**. Você sabe o que é um ciberpoema?

> O **ciberpoema** é um poema concreto com efeitos visuais obtidos por meio de recursos digitais. No texto, palavra, movimento, som e imagem se integram. A construção dos muitos sentidos do texto ocorre no processo de leitura, quando o leitor junta os efeitos obtidos por meio das tecnologias digitais.

Acesse o *site* a seguir e conheça a versão digital do poema "Navio".

### Ciberpoema "Navio"

Disponível em: http://www.ciberpoesia.com.br/ciber_navio.htm. Acesso em: 4 nov. 2019.

a) No caderno, descreva algumas diferenças entre o poema visual e o ciberpoema.

b) Explique o efeito de sentido que o movimento provoca durante a leitura do trecho "breve breve / passa passa".

_____

_____

_____

# Oficina de produção

## Poema visual (produção escrita)

Nesta unidade, você estudou algumas características do gênero poema. Agora, você e os colegas criarão, em duplas, um poema visual. Depois, com a ajuda do professor, organizem uma exposição dos poemas que vocês criaram.

### RECORDAR

1. Agora, faça o resumo das principais características de um poema visual em um mapa mental. Assim, quando você quiser relembrar esse gênero, é só consultar o esquema. Considerando os elementos do poema visual, complete as lacunas utilizando as opções a seguir.

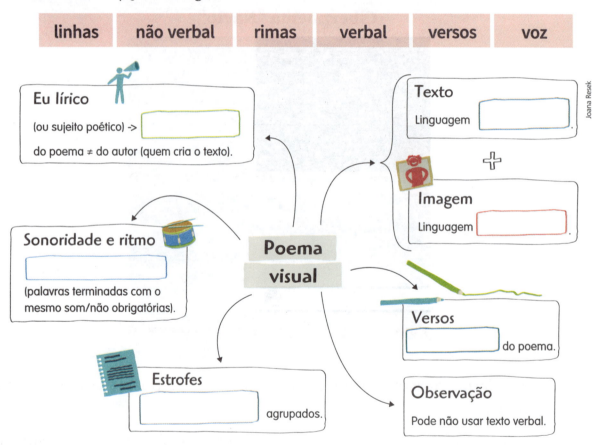

### PLANEJAR

2. Reúna-se com um colega para criar um poema visual. Lembrem-se: Tão importante quanto as palavras utilizadas é a organização delas para formar uma imagem.
   - O tema do poema será **a escola**: os colegas, os professores, as aulas, enfim, tudo o que faz parte do cotidiano escolar. Adotem uma linguagem que torne o texto acessível a todos da escola.

3. As dicas a seguir vão facilitar a criação do poema.
   - Escolham o tema que será tratado no poema: uma aula ou disciplina, a hora do recreio, os professores, a sala de aula etc.
   - Pensem na imagem que será formada pelos versos e pelas estrofes.
   - Se os versos forem rimados, pensem nas palavras que podem formar rimas.
   - Definam a quantidade de estrofes do poema.

## PRODUZIR

4. Sigam estas orientações para fazer o rascunho do texto.
   - Organizem os versos em estrofes que formam uma imagem relacionada ao tema.
   - Criem um título para o poema.

## REVISAR

5. Troquem o poema que vocês escreveram com o de outra dupla. Observem se:
   - as ideias do poema estão claras e o texto está organizado em versos e estrofes que formam uma imagem;
   - os versos têm rimas ou se foi escolhida a forma livre (sem rimas);
   - o título está adequado ao texto e se é criativo.
6. Ouçam os comentários dos colegas e do professor e, em seguida, releiam seu texto com um olhar mais cuidadoso.
7. Reescrevam o poema com as alterações necessárias e entreguem-no ao professor.

## COMPARTILHAR

8. Quando os textos forem devolvidos, organizem, com a turma e o professor, uma exposição dos poemas.
9. Vocês também podem fazer uma exposição virtual, criando um *blog* da turma para divulgar os poemas.

### Conheça

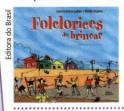

**Livro**
- *Folclorices de brincar*, de Mércia Maria Leitão e Neide Duarte (Editora do Brasil).

As autoras apresentam poemas sobre brincadeiras, como amarelinha, pião e ciranda, com versos que ganham a forma de cada jogo.

**Filme**
- *Território do brincar*, de Renata Meirelles e David Reeks. Brasil, 2015. Nesse documentário são apresentadas as brincadeiras comuns às crianças de todo o Brasil (80 min).

**Site**
- *Ciberpoesias*. Site que apresenta diferentes ciberpoemas. Disponível em: http://www.ciberpoesia.com.br/. Acesso em: 17 mar. 2020.

# UNIDADE 5
## A literatura é uma arte

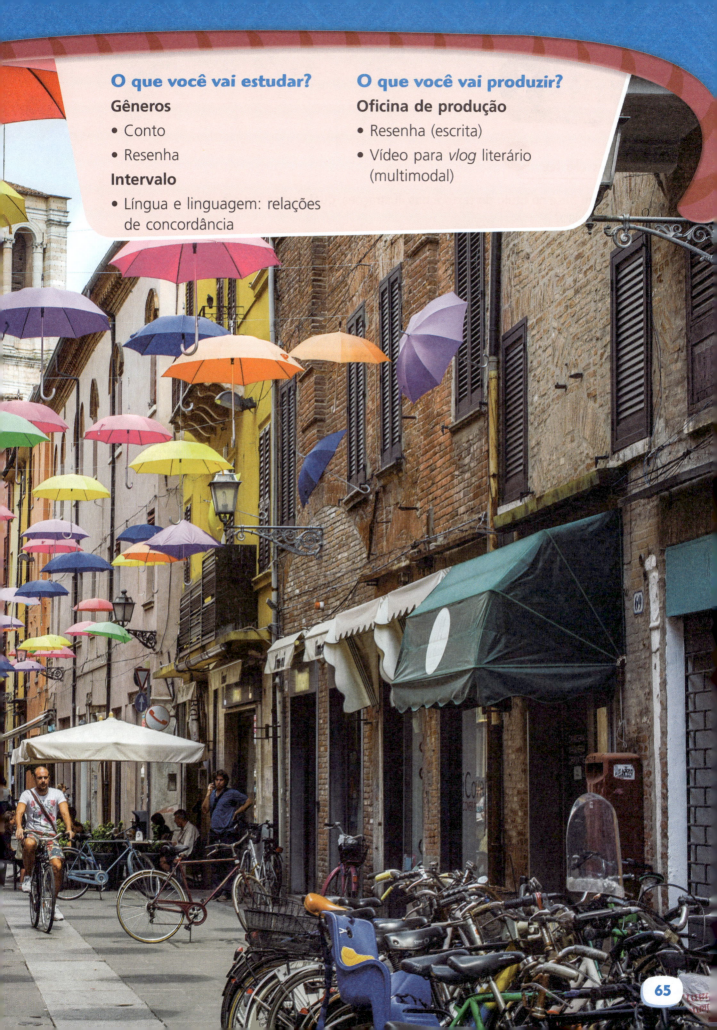

**O que você vai estudar?**

**Gêneros**
- Conto
- Resenha

**Intervalo**
- Língua e linguagem: relações de concordância

**O que você vai produzir?**

**Oficina de produção**
- Resenha (escrita)
- Vídeo para *vlog* literário (multimodal)

## Texto 1

### Antes de ler

1. Com base no título do texto e nas ilustrações, qual parece ser o assunto do texto?
2. Qual efeito de sentido a utilização do prefixo **im-** (entre parênteses) provoca no título?

### (Im)previsível

*Andréa Pelagani*

Eles são quatro e moram no **sobrado** número 82 da Rua Charmosa.

O primeiro é alto e elegante, chamam-no Italiano.

Italiano não faz distinção nem deixa notar suas preferências.
Mas de uma coisa ele não gosta:
quando a promessa não se cumpre.

Nestes dias, do lado de fora sem chuva,
o mundo fica de ponta-cabeça.
Ele volta calado, como quem tenta
colocar as ideias no lugar.

O segundo é Mistério.
Veio não se sabe de onde.
Dizem-no emprestado.

Mistério gosta de tudo que é raro.
Pode ser granizo ou garoa com sol.

O terceiro é muito pequeno e frágil.

Queria ser Camelot, mas é Camelô.

Sandra Lavandeira

Camelô não admite, mas morre de medo de tempestade.
Ventania e raio, então?! Tem **pavor**.

O quarto e último é Sem Memória,
cheio de imaginação e muito sensível. Apegado.

O elo entre os quatro.

Sem Memória adora a chuva, a rua, as novidades,
mas gosta ainda mais de voltar para casa.

Do outro lado da Rua Charmosa,
bem em frente àquele sobrado,
elas são duas moradoras.

Florida e Listrada. São irmãs.
Nasceram juntas e juntas vivem desde sempre.

[...]

Elas só têm um medo na vida: serem esquecidas.
A história de Italiano, Mistério, Camelô, Sem Memória,
Florida e Listrada tem mais intervalos do que acontecimentos.
É que novidades eles só têm em dia de chuva.
Ou de promessa de chuva.
É quando saem.

[...]

Os acontecimentos são poucos, mas fundamentais.

**1º ACONTECIMENTO:**
Italiano e Listrada saíram do sobrado e da casa bem
em frente.
Quase um escândalo.
Foram viver juntos noutra casa, noutra rua.

Sandra Lavandeira

**2º ACONTECIMENTO:**

Camelô surgiu roto, parecendo ter sido atingido por um raio.

Ou terá sido atropelamento? Ele não se lembra.

Sobrou-se machucado e **cabisbaixo**.

Até Florida aparecer e bater à porta.

Ela cuidou dele naquele dia e no dia seguinte.

Cuidou dele com jeito de quem ia cuidar para sempre.

[...]

**6º ACONTECIMENTO:**

Este está por vir,

assim como o sétimo,

o oitavo,

o nono...

Você já viu a previsão do tempo para hoje?

### Glossário

**Cabisbaixo:** triste, abatido, envergonhado.
**Pavor:** medo extremo; terror.
**Sobrado:** casa com dois ou mais pavimentos.

Andréa Pelagagi. *(Im)previsível*. São Paulo: Motirô, 2014. p. 9-14; 16; 20-23; 30.

### Quem é a autora?

**Andréa Pelagagi** é escritora, consultora de *marketing* e gerente de projetos. Brasileira de ascendência portuguesa, nasceu em Juiz de Fora, Minas Gerais, e atualmente vive na cidade de São Paulo. Bacharel em Relações Internacionais e Ciência Política, Andréa é autora com publicações no Brasil e, também, em outros países.

# Interagindo com o conto

**1** Releia o título do texto e responda às questões.

**a)** Antes de ler o texto, com base apenas no título, você imaginou qual seria o tema do conto. Sua hipótese se confirmou? Por quê?

**b)** Por que você acha que a autora utilizou parênteses no título do texto?

_____
_____
_____
_____

**2** Releia o texto para responder às questões a seguir.

**a)** Complete o quadro com o nome ou as características de cada **personagem**.

| NOME | CARACTERÍSTICAS |
|---|---|
| Sem Memória | _____ _____ |
| _____ | Pequeno, frágil, medroso. |
| Italiano | _____ _____ |
| _____ | De origem desconhecida, gosta do que é diferente. |

**Personagem** é quem desempenha as ações em uma história.

**b)** Você tem alguma das características desses personagens? Qual? Fale com os colegas sobre essa característica e ouça o que eles têm a dizer.

69

**3** Releia abaixo um trecho do texto.

> Italiano não faz distinção nem deixa notar suas preferências.
> Mas de uma coisa ele não gosta:
> quando a promessa não se cumpre.
>
> Nestes dias, do lado de fora sem chuva,
> o mundo fica de ponta-cabeça.

Sandra Lavandeira

**a)** Considerando que o personagem é um guarda-chuva, a que promessa ele se refere? Justifique com um trecho do texto.

_____

_____

**b)** Por que o mundo do personagem fica de ponta-cabeça?

_____

_____

**4** Sobre o **espaço** e o **tempo** em que a história se passa, responda:

**a)** Onde a maior parte da história acontece?

_____

**b)** Quando a história se passa?

_____

_____

_____

_____

> **Espaço** é onde acontecem as ações de uma história.
> **Tempo** é quando acontecem as ações de uma história.

**5** Leia os verbetes e, em seguida, responda ao que se pede.

> **camelô** (ca·me·lô)
> sm+f
> Vendedor que comercia bugigangas, miudezas ou qualquer artigo vendável, expondo-os nas calçadas, ou em tabuleiros, comumente de forma clandestina, sem autorização legal, apregoando essas mercadorias em voz alta e, às vezes, de forma pitoresca. [...]
>
> **ETIMOLOGIA** *(fr camelot.)*
> *camelot (ca.me.lot* [kamelô])
> mascate, camelô, vendedor ambulante.

Camelô. Em: *Michaelis*: dicionário brasileiro da língua portuguesa. – Disponível em: https://michaelis.uol.com.br/moderno-portugues/busca/portugues-brasileiro/camel%C3%B4/. Acesso em: 27 out. 2020.

- Considerando a etimologia, ou seja, a origem da palavra, levante hipóteses: No texto, por que o personagem "Queria ser Camelot, mas é Camelô"?

_____
_____
_____

**6** Você percebeu que os nomes dos personagens têm relação com o que eles são e fazem? Considerando isso, explique as características e as atitudes de Mistério. Utilize trechos do texto para justificar sua resposta.

_____
_____
_____
_____

**7** Como você resumiria a ideia principal do texto se tivesse de contar essa história a um amigo?

_____
_____
_____
_____

**8** Você se lembra da **sequência dos acontecimentos** da história? Numere as ações na ordem em que elas aparecem no texto.

☐ Florida cuida de Camelô.

☐ Mistério é apresentado.

☐ Camelô é apresentado.

☐ Sem Memória é apresentado.

☐ Italiano é apresentado.

☐ Florida é apresentada.

☐ Italiano e Listrada vão morar juntos.

☐ Listrada é apresentada.

> A **sequência de acontecimentos** de uma história é chamada de enredo.

**9** Volte ao texto e releia o 2º ACONTECIMENTO.

**a)** Consulte um dicionário e transcreva o verbete com o significado da palavra **roto**.

_____
_____
_____
_____
_____
_____

**b)** O que você imagina que aconteceu com Camelô e Florida?

_____
_____
_____

**10** Em uma história, o **narrador** pode ser de diferentes tipos.

a) Marque com um **X** a alternativa que identifica o tipo de narrador do conto lido.

☐ Narrador-personagem: participa da história, narrando o que vivencia.

☐ Narrador-observador: não participa da história, narrando o que vê.

b) Qual é o tempo verbal utilizado pelo narrador para contar a história: passado, presente ou futuro?

_____

> **Narrador** é quem conta a história. Pode participar da história, sendo chamado de **narrador-personagem**; pode não participar, sendo chamado de **narrador-observador**, quando conta apenas o que vê; ou pode ser chamado de **narrador onisciente**, quando sabe o que os personagens sentem e pensam.

**11** O narrador afirma que o 6º ACONTECIMENTO ainda "está por vir, assim como o sétimo[...]". Para você, qual seria esse acontecimento com os personagens do conto? Solte a imaginação e escreva-o em um parágrafo.

_____
_____
_____
_____

**12** A última frase do **conto** é: "Você já viu a previsão do tempo para hoje?".

a) A quem o narrador se dirige quando utiliza a palavra **você** nesse trecho?

_____

b) Com qual objetivo o narrador faz uso desse recurso?

_____
_____

> O **conto** é um gênero narrativo em que é contada uma história curta, com poucos personagens e espaço e tempo reduzidos. O enredo apresenta um conflito, que decorre de algumas ações narradas no passado.

**13** Agora você consegue explicar o que quer dizer o título do conto?

_____
_____
_____
_____

**14** Você viu que o texto não está completo. O que será que ocorreu no terceiro, no quarto e no quinto acontecimento? Complete a sequência, invente três pequenas histórias. Mas, atenção! É importante manter coerência com o texto original: as características dos personagens, o tipo de narrador, a forma de apresentação do texto em uma sequência de parágrafos curtos, entre outros elementos.

**3º ACONTECIMENTO:**

_____
_____
_____
_____

**4º ACONTECIMENTO:**

_____
_____
_____
_____

**5º ACONTECIMENTO:**

_____
_____
_____
_____

Sandra Lavandeira

## Texto 2

### Antes de ler

1. Com base no título, qual será o assunto que será tratado no texto?
2. Ele parece ter relação com o conto lido anteriormente?
3. Você já leu uma resenha? Para que servem os textos desse gênero?

---

https://www.operiscopio.com/single-post/2019/10/14/Chuva-de-palavras

### A imprevisível certeza de ser

Previsão para hoje: é tempo de boa leitura! Andréa nos leva a uma rua imaginária, na qual seis guarda-chuvas moram e vivem suas vidas imprevisíveis, afinal quem garante uma boa chuva, com gotas geladinhas, para refrescar nossos sonhos? Com delicadeza, o leitor vai conhecendo cada "morador" da Rua Charmosa e sua personalidade. Até que acontecimentos começam a mexer com a vida dos personagens, pois a vida é uma sucessão de coisas boas e ruins, chegadas, partidas, encontros, saudades…

Com um texto sensível, cada personagem tem um pouquinho de nós, dos nossos sonhos, das nossas indagações. A escrita de Andréa é certeira, em poucas linhas o leitor já se vê envolvido no texto e nas expectativas de Mistério, Italiano, Camelô e seus amigos e amigas. As ilustrações compõem com perfeição esse cenário delicado de emoções, a ponto de reconhecermos a humanidade de cada um dos moradores da Rua Charmosa. A prosa poética, escrita com primor, leva os leitores a viajarem pelo texto. O uso de palavras que não fazem parte do cotidiano de nossas crianças é uma porta para novas descobertas de nossos pequenos. Um livro imperdível para todos que sabem a vida como uma grande viagem imprevisível.

**Ficha técnica do livro**
**Título**: (Im)previsível
**Autor:** Andréa Pelagagi
**Ilustrador:** Luiz Zonzini
**Ano:** 2014
**Editora:** Motirô
**Páginas:** 32

Cláudia Marczak. A imprevisível certeza de ser. *O periscopio*. 14 out. 2019. Disponível em: https://www.operiscopio.com/single-post/2019/10/14/Chuva-de-palavras. Acesso em: 20 mar. 2020.

### Quem é a autora?

**Cláudia Marczak** é psicóloga, professora e escritora. Iniciou seus escritos com poemas publicados em *sites* brasileiros e estrangeiros. Atualmente, escreve livros de literatura infantojuvenil e mantém um *blog* chamado **O Periscópio** (www.operiscopio.com, acesso em: 20 mar. 2020).

# Interagindo com a resenha

**1** Releia a introdução da resenha.

> Previsão para hoje: é tempo de boa leitura! Andréa nos leva a uma rua imaginária, na qual seis guarda-chuvas moram e vivem suas vidas imprevisíveis, afinal quem garante uma boa chuva, com gotas geladinhas, para refrescar nossos sonhos? Com delicadeza, o leitor vai conhecendo cada "morador" da Rua Charmosa e sua personalidade. Até que acontecimentos começam a mexer com a vida dos personagens, pois a vida é uma sucessão de coisas boas e ruins, chegadas, partidas, encontros, saudades...

- Que informações são utilizadas pela autora da resenha para apresentar o livro? A que elementos ela faz referência?

_____

_____

_____

**2** Na sua opinião, por que essa apresentação do livro é importante para o leitor da resenha?

**3** Leia novamente a ficha técnica ao final da resenha. Qual é a função dessas informações?

_____

_____

_____

**4** Releia um trecho da resenha e observe a palavra destacada.

> [...] afinal quem garante uma boa chuva, com gotas geladinhas, para refrescar **nossos** sonhos?

a) A quem se refere a palavra destacada?

_____

**b)** A quem se dirige o questionamento feito pela autora? Com qual objetivo ela emprega esse recurso?

_____

_____

**c)** Sobre a **pessoa do discurso** utilizada no texto, marque um **X** na alternativa correta.

☐ O texto foi escrito em 1ª pessoa, ou seja, a autora se incluiu no texto.

☐ O texto foi escrito em 3ª pessoa, ou seja, a autora procura se distanciar do texto.

> As **pessoas do discurso** (ou **pessoas verbais**) indicam a posição de uma pessoa na situação de comunicação. Podem ser:
> 
> **1ª pessoa** – quem fala (**eu** e **nós**);
> 
> **2ª pessoa** – com quem se fala (**tu** e **vós**);
> 
> **3ª pessoa** – de quem se fala (**ele/ela** e **eles/elas**).

**5** Releia este trecho da resenha.

> Até que acontecimentos começam a mexer com a vida dos personagens, pois a vida é uma sucessão de coisas boas e ruins, chegadas, partidas, encontros, saudades...

**a)** Nesse trecho, é possível observar que a autora da resenha compara o conto à vida?

_____

**b)** Que outro trecho da resenha transmite a mesma ideia, ou seja, faz o mesmo tipo de comparação?

_____

**6** Em um texto, o autor pode expressar a opinião/ponto de vista ou apenas relatar um fato.

**a)** Na resenha, a autora expressou opinião ou apenas apresentou dados baseados no livro resenhado?

_____

_____

**b)** Releia trechos retirados do texto e marque **O** para as opiniões e **F** para os fatos.

☐ Previsão para hoje: é tempo de boa leitura!

☐ Andréa nos leva a uma rua imaginária.

☐ Com delicadeza, o leitor vai conhecendo cada "morador".

☐ Até que acontecimentos começam a mexer com a vida dos personagens.

☐ Com um texto sensível, cada personagem tem um pouquinho de nós.

☐ A escrita de Andréa é certeira.

☐ As ilustrações compõem com perfeição esse cenário delicado de emoções.

☐ A prosa poética, escrita com primor, leva os leitores a viajarem pelo texto.

☐ O uso de palavras que não fazem parte do cotidiano.

☐ Um livro imperdível para todos que sabem a vida como uma grande viagem imprevisível.

**c)** Na questão anterior, sublinhe as palavras que expressam a opinião da autora.

**7** Na resenha, Cláudia afirma:

> O uso de palavras que não fazem parte do cotidiano de nossas crianças é uma porta para novas descobertas de nossos pequenos.

**a)** Explique a afirmação da autora.

_____
_____
_____
_____

**b)** Volte ao conto e procure as palavras a que Cláudia se refere. Cite três exemplos.

_____

_____

**8** Qual foi o tempo verbal utilizado pela autora? Retire exemplos do texto que comprovem a resposta.

_____

_____

**9** O registro utilizado pela resenha foi:

☐ informal (coloquial), já que o texto se destina a crianças e precisa ter uma linguagem mais acessível a esse público.

☐ formal, já que o texto se destina ao público em geral e precisa ser compreendido por todo tipo de leitor.

**10** Volte à resenha e observe a fonte da publicação.

**a)** Onde a resenha foi publicada?

_____

**b)** Além dessa fonte, indique com **X** outros meios de comunicação onde essa **resenha** poderia ser publicada.

☐ Um jornal.    ☐ Uma revista.    ☐ Um dicionário.

---

A **resenha** tem como objetivo descrever e avaliar criticamente um objeto cultural (livro, filme, peça teatral etc.). Ela deve descrever brevemente a obra apresentada e demonstrar a opinião do autor sobre ela, por meio da indicação de aspectos positivos e negativos. Em geral é escrita na 1ª pessoa do singular (eu) ou do plural (nós), já que o autor se inclui no texto, expressando seu ponto de vista em relação ao que foi analisado. Costuma ser escrita com verbos no presente e em registro padrão formal da linguagem.

## Língua e linguagem: relações de concordância

**1** Observe.

"**Florida** é romântica que só ela."

Sujeito da oração

"**Listrada** é muito prática."

Sujeito da oração

Leia.

- Cada uma dessas frases é uma **oração**.
- O assunto tratado em uma oração é chamado **sujeito** da oração: **Florida** é o sujeito da primeira oração; **Listrada** é o sujeito da segunda.
- A declaração que se faz sobre o sujeito é o **predicado** da oração. Veja:

Florida **é romântica que só ela**.

Predicado

Listrada **é muito prática.**

Predicado

**2** Agora observe a relação entre o sujeito e o predicado da oração.

Florida **vive** à janela.

O verbo está no singular porque o sujeito está no singular.

As duas irmãs **adoram** dias de chuva.

O verbo está no plural porque o sujeito está no plural.

A esse fato dá-se o nome de **concordância verbal**.

**3** Releia o trecho a seguir para responder às questões.

> Florida e Listrada. São irmãs.
> Nasceram juntas e juntas vivem desde sempre. [...]
> As duas adoram toda e qualquer oportunidade de passear.
> Elas só têm um medo na vida: serem esquecidas.

**a)** Em "**Nasceram** juntas e juntas **vivem** desde sempre", o sujeito não está escrito, mas pode ser identificado pelo contexto. Por que os verbos destacados estão no plural?

_____
_____

**b)** Em "Elas só têm um medo na vida", que pronome funciona como sujeito do verbo **ter**?

_____

**4** Leia novamente o trecho a seguir.

> Camelô surgiu roto, parecendo ter sido atingido por um raio. [...]
> Até Florida aparecer e bater à porta.
> Ela cuidou dele naquele dia e no dia seguinte.
> Cuidou dele com jeito de quem ia cuidar para sempre.

- Imagine que na história, quando aconteceu o acidente com Camelô, tanto Florida quanto Listrada tivessem cuidado dele. Reescreva o trecho, fazendo as alterações necessárias para manter as relações de concordância.

_____
_____
_____
_____

## Oficina de produção

### Resenha (escrita)

Você lembra qual foi o último livro que leu? E o último filme a que assistiu? Sobre o que eles falavam? O que você achou deles? Imagine se você pudesse compartilhar sua opinião sobre eles com as pessoas... É exatamente isso que você fará agora. Você produzirá a resenha de um livro e, em seguida, vai compartilhá-la em um *vlog*.

Mas antes vamos recordar as características do gênero resenha, em um *vlog* literário.

**RECORDAR**

1. Vamos recordar as características do gênero resenha em um *vlog* literário? Assista ao vídeo *Os melhores livros infantis de 2018*, do canal *A Cigarra e a Formiga*, de Daisy Carias. Disponível em: https://www.youtube.com/watch?v=mEo9PL9Zusw. Acesso em: 25 out. 2020.

2. Agora, converse com os colegas sobre as seguintes questões:

   a) No início do vídeo, Daisy cita elementos que ela procura levar em consideração para a escolha de livros. Quais são eles?

   b) Quais são os livros resenhados no vídeo?

   c) Como Daisy estrutura a resenha de cada livro?

3. Agora, faça o resumo das principais características de uma resenha em um mapa mental. Complete as lacunas utilizando as opções a seguir.

| 1ª pessoa | criticamente | cultural |
| padrão | resumo | verbos |

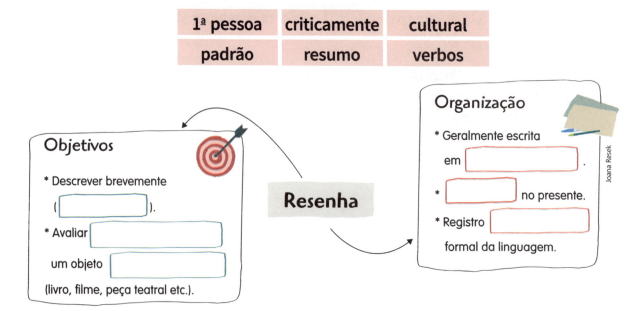

## PLANEJAR

4. Escolha o livro que será resenhado. Você acha que ele é adequado à sua faixa etária? O que esse livro tem de interessante?
5. Enumere as principais características da obra para a elaboração da resenha.
    - Aspectos positivos.
    - Aspectos negativos.
    - Detalhes sobre autor e ilustrador.
    - Comparação com outros objetos culturais (livros, filmes etc.).

## PRODUZIR

6. Escreva um rascunho do texto. Veja algumas sugestões sobre etapas de produção.
    - **Introdução** (apresentação da obra, do autor, da editora, do ano de publicação, contextualização, apresentação do ponto de vista a ser defendido no texto).
    - **Desenvolvimento** (comentários que confirmem as avaliações apresentadas, argumentos que tornem a opinião mais convincente).
    - **Conclusão** (retomada do ponto de vista sobre a obra, síntese da discussão apresentada e, opcionalmente, recomendação ou não da obra).
7. Lembre-se de que os argumentos devem ser consistentes. Fundamente seu ponto de vista, justificando por que considera um aspecto positivo ou negativo.
8. Dê um título criativo ao seu texto.

## REVISAR E REESCREVER

9. Troque seu texto com o de um colega para que cada um revise o do outro. Observe se:
    - o texto está adequado ao objetivo de uma resenha, apresentando o tema da obra e comentários do autor sobre ela;
    - o texto apresenta, de forma compreensível, a opinião do autor sobre a obra resenhada;
    - os dados do autor e do texto foram apresentados;
    - a resenha convence o leitor sobre o livro escolhido.
10. Destroquem os textos. Com base nos comentários do colega, revise seu texto, passe-o a limpo e entregue-o para o professor avaliar.

# Vídeo para *vlog* literário

**PLANEJAR**

1. Agora vamos ao **_vlog_**.

> ***Vlog*** é uma abreviação de videoblogue. Semelhante ao *weblog* (ou *blog*) e ao *fotolog*, o *vlog* também é um *site* pessoal, em que o autor realiza diferentes publicações, só que em formato de vídeo.

2. Atenção! Você vai ler sua resenha e, depois, gravar um vídeo. Para isso você deverá utilizar uma linguagem espontânea e coloquial, como a do vídeo a que assistiu. Releia a sua resenha, destaque os pontos mais importantes e anote-os em um roteiro. Para não se esquecer de nada ao gravar o vídeo, consulte o roteiro que elaborou.

**APRESENTAR**

3. Com um celular, grave o seu vídeo, com base nas anotações que você fez a partir da resenha.
    - Para a gravação, escolha um lugar bem iluminado e silencioso, garantindo, assim, a qualidade do vídeo.
4. Algumas dicas que podem ajudar você:
    - **Leitura:** Não fique lendo a resenha ou o roteiro, mas apenas consulte os pontos que você destacou.
    - **Postura:** Você pode ficar sentado ou em pé, mas mantenha a coluna ereta, olhando de frente para a câmera.
    - **Voz:** Fale com um tom adequado, articulando bem as palavras.
5. Não se esqueça de destacar os principais pontos da sua resenha: o título e o autor, um pequeno resumo do que é relatado na história e o que você achou do livro.
6. Utilize uma linguagem coloquial, como se estivesse conversando com o espectador, procurando convencê-lo a ler o livro que você resenhou. Mas atenção: Não fale palavrões na sua apresentação e não exagere no uso das gírias. Lembre-se de que você precisa ser compreendido por todas as pessoas que assistirem ao vídeo.

**REVISAR**

7. Compartilhe com um colega os vídeos que vocês gravaram para que vocês analisem a produção que fizeram. Para isso, fiquem atentos aos itens a seguir.
    - O vídeo foi gravado em um ambiente iluminado e silencioso?
    - A linguagem utilizada é compreensível e adequada ao público?

- ❖ Foi feita uma resenha do livro com as principais informações e a opinião sobre a obra?
8. Se tiverem respondido negativamente a alguma dessas perguntas, corrijam o vídeo, antes de disponibilizá-lo na internet.

## COMPARTILHAR

9. Depois de finalizar o vídeo, disponibilize-o em um *vlog* da turma, junto com os vídeos dos colegas. No título, os vídeos devem apresentar os nomes da obra resenhada e do resenhista.
10. Em seguida, comente pelo menos três vídeos de seus colegas, expressando sua opinião sobre a crítica literária que eles fizeram. É importante lembrar que todos os comentários sobre os trabalhos dos colegas devem ser feitos com respeito, de forma construtiva.

### Conheça

**Livros**
- *Paisagens e outras histórias de ler juntos*, de Andréa Pelagagi. São Paulo: GiraBrasil - Motirô, 2018.
O livro reúne cinco contos, cada um ilustrado por um artista diferente. Criado para ser lido junto, por adultos e crianças, o livro pode contribuir para a formação de novos leitores e ampliar o repertório de leitores mais experientes, por meio de narrativas sensíveis e cheias de criatividade.
- *O meu primeiro Fernando Pessoa*, de Manuela Júdice e Pedro Proença. Lisboa: Dom Quixote, 2009.

Fernando Pessoa, um dos maiores nomes da literatura portuguesa e mundial, é apresentado por meio de seus poemas. Com linguagem voltada para o público infantojuvenil e belas ilustrações, o livro descreve os marcos fundamentais dos 47 anos de vida do poeta português.

**Filmes**
- *Turma da Mônica: Laços*, de Daniel Rezende. Brasil, 2019. Os personagens de *A Turma da Mônica* ganham vida neste filme que fala sobre a amizade. Direto dos quadrinhos, Mônica, Cebolinha, Magali e Cascão precisam se unir para encontrar Floquinho, que foi sequestrado (1h36min).
- *Gaby Estrella*, de Cláudio Boeckel. Brasil, 2018. O filme mostra as aventuras de Gaby e como ela se torna uma estrela ao descobrir seu talento para a música (1h34min).

**Site**
- *O periscópio*. Blog sobre literatura. Disponível em: www.operiscopio.com. Acesso em: 20 out. 2020.

# UNIDADE 6
## Palavras e ideias

**O que você vai estudar?**
**Gêneros**
- Crônica argumentativa
- Verbete de dicionário

**Intervalo**
- Marcadores discursivos de posicionamento

**O que você vai produzir?**
**Oficina de produção**
- Crônica argumentativa (escrita)
- Debate regrado (oral)

### Antes de ler

1. O que você acha que lerá agora?
2. Leia o título do texto e levante hipóteses: Que relação pode haver entre memória e tecnologia?
3. Qual parece ser o objetivo principal do texto: informar sobre um assunto ou argumentar sobre ele? Explique sua resposta.

## Memória e tecnologia

*Rosely Sayão*

Eu estava em um aeroporto esperando meu voo quando tive a oportunidade de testemunhar uma cena que me fez pensar bastante.

Um garoto de mais ou menos 10 anos andava para lá e para cá muito aflito, sem saber para onde ir, e sua expressão facial mostrava que ele estava prestes a cair no choro. Assim que eu percebi o fato, caminhei em sua direção para tentar ajudar, mas um casal chegou antes e pude ouvir a conversa deles.

O garoto estava no aeroporto acompanhado de um amigo e dos pais dele porque eles iriam viajar para uma praia. Ele havia saído de onde estava acomodado para comprar um lanche e não conseguiu mais encontrar o grupo.

Você já reparou, caro leitor, que *shoppings*, aeroportos, lojas de departamentos etc. são locais quase todos iguais, sem características próprias? Por isso é tão difícil para uma criança voltar ao mesmo lugar de onde saiu: porque, como tudo é muito parecido, ela não consegue identificar onde estava.

Mas agora é que chega a parte mais interessante para refletirmos. O casal aquietou o garoto e disse que bastava o menino informar o número do telefone do amigo que eles ligariam para ele. O garoto, que tinha um celular e o deixara com o amigo, não sabia de memória nenhum número, nem o seu. "Está tudo no meu celular", justificou.

Claro que, com a ajuda do casal, não foi difícil o garoto se reunir com o seu grupo. O fato, porém, me deu o que pensar. Imediatamente lembrei-me de que, quando criança, meus pais me fizeram decorar a seguinte frase: "Meu nome é Rosely Sayão, eu moro na Rua Jaceguai, 462, São Paulo, Capital". Eles achavam São Paulo uma cidade em que uma criança se perderia com muita facilidade e, cuidadosos, tentaram garantir que eu tivesse informações para que, caso eu me perdesse deles quando fora de casa, tivesse condições mínimas para encontrá-los.

Hoje, com tantos recursos tecnológicos, **delegamos** a esses aparelhos maravilhosos muito do serviço que fazíamos antes da existência deles. Ao pensar nisso, tentei me lembrar do número dos telefones de amigos próximos e de parentes e tudo o que consegui foi me lembrar de quatro ou cinco números, que nunca mudaram. Os outros estão memorizados pelos meus aparelhos.

Pensei em quantas coisas deixamos de ensinar às crianças, porque a tecnologia resolve isso por nós. Não mais ensinamos a elas, por exemplo, que é muito perigoso abrir a porta do carro em movimento, porque elas estão protegidas pelas travas; não as alertamos para os riscos de uma queda de local alto, porque elas estão protegidas pelas grades, e assim por diante. Não ensinamos mais as crianças a memorizar números de telefones, porque os aparelhos têm cada vez mais memória, justamente para guardar o que antes era responsabilidade da memória humana.

Mas, quando deixamos a cargo do funcionamento dos aparelhos essas e outras tarefas, não consideramos que a vida é feita de falhas – humanas e mecânicas –, de inesperados, de acontecimentos **inusitados**. E que, nesses momentos, o que conta é o conhecimento que a pessoa guardou consigo.

Em educação, os detalhes são importantes. Por isso, pode ser necessário considerar ajudar os mais novos a perceber a importância da memorização de informações que a família considera importantes e do autocuidado, que inclui as noções de risco e de autoproteção. Afinal, aparelhos falham.

Rosely Sayão. Memória e tecnologia. *Folha de S.Paulo*, 4 fev. 2014.

## Glossário

**Delegar:** confiar poder a alguém.
**Inusitado:** inesperado, surpreendente.

### Quem é a autora?

**Rosely Sayão** é psicóloga e consultora educacional. Nascida na cidade de São Paulo, começou a escrever para jornais em 1989. Foi colunista dos jornais *Folha de S.Paulo* e *Notícias Populares*. Autora de livros sobre educação e relações familiares, tem mais de trinta anos de experiência em psicologia aplicada à educação. Atualmente, em livros, palestras e artigos publicados em jornais, Rosely trata de temas relacionados à cidadania e à educação de crianças e adolescentes.

## Interagindo com a crônica argumentativa

**1** A autora do texto "Memória e tecnologia" afirma ter testemunhado uma cena que a levou a refletir. Que cena é essa?

_____

_____

**2** A reflexão feita pela autora remete:

a) ao descuido dos pais que perdem filhos em locais públicos.

b) à indiferença dos estranhos, que não oferecem ajuda ao garoto.

c) à dependência que a sociedade tem de aparelhos tecnológicos.

d) ao fato de que locais públicos poderiam ter mais segurança.

**3** O texto que você leu é uma crônica argumentativa. Nele a autora defende um ponto de vista.

a) Qual é o ponto de vista defendido na crônica?

_____

_____

_____

_____

b) Transcreva a seguir um trecho do texto que evidencie o ponto de vista defendido pela autora.

_____

_____

_____

_____

c) Você concorda com esse ponto de vista? Converse com os colegas sobre a relação entre o uso das tecnologias digitais e a perda do hábito de memorização.

**4** A crônica que você leu é um texto argumentativo. Leia a seguir algumas afirmações sobre esse tipo de texto e assinale **V** para as verdadeiras e **F** para as falsas.

☐ O texto argumentativo emprega diferentes recursos e raciocínios para mostrar que o ponto de vista defendido pelo autor é coerente e para que o leitor concorde com ele.

☐ A crônica argumentativa deve necessariamente ser favorável ou contrária à visão da maioria das pessoas sobre determinado assunto.

> **Crônica** é um gênero textual em que geralmente são abordados temas do cotidiano, sendo a linguagem coloquial, simples e direta. A crônica é argumentativa quando o objetivo principal do cronista é defender seu ponto de vista sobre um determinado tema.

**5** Releia este trecho da crônica e observe o comentário que está entre aspas.

> [...] O garoto, que tinha um celular e o deixara com o amigo, não sabia de memória nenhum número, nem o seu. "Está tudo no meu celular", justificou.

a) Assinale com um **X** a alternativa que explica o motivo do uso das aspas nesse trecho.

☐ Fazer uma citação.　　☐ Reproduzir a fala de alguém de forma direta.

b) Nesse trecho, o que significa **saber de memória**? Que outra expressão costuma ser utilizada com o mesmo significado?

_____

_____

**6** Releia o trecho a seguir.

> [...] **Assim que** eu percebi o fato, caminhei em sua direção para tentar ajudar, **mas** um casal chegou antes e pude ouvir a conversa deles.

• Os termos destacados têm valor, respectivamente, de:

a) tempo, oposição.

b) tempo, adição.

c) condição, oposição.

d) causa, adição.

**7** Na crônica "Memória e tecnologia", Rosely Sayão apresenta diferentes argumentos para defender a própria opinião. Leia alguns deles a seguir e classifique-os de acordo com a estratégia argumentativa utilizada em cada caso.

I. [...] Imediatamente lembrei-me de que, quando criança, meus pais me fizeram decorar a seguinte frase: "Meu nome é Rosely Sayão, eu moro na Rua Jaceguai, 462, São Paulo, Capital". Eles achavam São Paulo uma cidade em que uma criança se perderia com muita facilidade [...].

II. [...] Não mais ensinamos a elas, por exemplo, que é muito perigoso abrir a porta do carro em movimento, porque elas estão protegidas pelas travas; não as alertamos para os riscos de uma queda de local alto, porque elas estão protegidas pelas grades, e assim por diante.

III. [...] Ao pensar nisso, tentei me lembrar do número dos telefones de amigos próximos e de parentes e tudo o que consegui foi me lembrar de quatro ou cinco números, que nunca mudaram. Os outros estão memorizados pelos meus aparelhos.

☐ Argumento por comparação, em que se estabelece uma relação entre o tema discutido e um aspecto comum do cotidiano.

☐ Exemplificação, procura estabelecer uma semelhança entre fatos, buscando convencer o leitor.

☐ Relato de experiência pessoal da autora, que ilustra a opinião defendida por ela.

Em sua origem, as **crônicas** eram publicadas em jornais impressos. Coletâneas de crônicas, então, passaram a ser publicadas em livros e revistas. Atualmente, elas são encontradas também em páginas da internet.

**8** Localize a fonte do texto "Memória e tecnologia" e responda: Onde ele foi publicado originalmente?

_____

_____

# Texto 2

## Antes de ler

1. Você consegue compreender as diferentes abreviações e as formas de apresentação dos verbetes em um dicionário?
2. Qual é a função da numeração usada no verbete **memória**?

---

**memória**

(me.*mó*.ri:a)

**sf**

**1** Memória é a capacidade que temos de guardar na mente coisas que aconteceram ou que aprendemos e de nos lembrarmos delas: *O ator tinha uma boa memória: decorava facilmente seus textos da novela*. **2** Também é algo de que nos lembramos: *Tenho boas memórias da minha infância*. **3 informática** A memória de um computador é a capacidade que ele tem de guardar, de armazenar informações.

Memória. Em: *Caldas Aulete*: dicionário escolar da língua portuguesa – ilustrado com a turma do Sítio do Pica-Pau Amarelo. 2. ed. São Paulo: Globo, 2009.

---

**memorizar**

(me.mo.ri.*zar*)

**vtd**

Memorizamos algo quando o aprendemos e somos capazes de nos lembrar disso perfeitamente [= DECORAR]: *Gosta de memorizar números de telefones*. [Conjug. quadro **1**: memoriz**ar**.]

Memorizar. Em: *Caldas Aulete*: dicionário escolar da língua portuguesa – ilustrado com a turma do Sítio do Pica-Pau Amarelo. 2. ed. São Paulo: Globo, 2009.

---

**memorização**

me·mo·ri·za·ção

**sf**

**1** Ato ou efeito de memorizar, de reter na memória.
**2** Uso de operações sistemáticas e metódicas que ajudam a fixar informações na memória.
ETIMOLOGIA
*der* de *memorizar*+ção, como *fr mémorisation*.

Memorização. Em: *Michaelis*: dicionário brasileiro da língua portuguesa. Disponível em: https://michaelis.uol.com.br/moderno-portugues/busca/portugues-brasileiro/memorização. Acesso em: 26 mar. 2020.

# Interagindo com o verbete de dicionário

**1** Releia os **verbetes de dicionário** e responda:

a) Qual é a fonte dos verbetes que você leu, ou seja, de onde eles foram tirados?

_____

_____

> O **verbete de dicionário** apresenta os significados das palavras, que são organizadas em ordem alfabética. Em geral, os verbetes de dicionário apresentam, também, a classe gramatical, o gênero (masculino ou feminino), a separação silábica e a pronúncia das palavras.

b) Considerando a fonte dos verbetes, explique as semelhanças e as diferenças entre eles.

_____

_____

**2** Releia os seguintes fragmentos dos verbetes.

> **memória**  (me.*mó*.ri:a)
> **memorizar**  (me.mo.ri.*zar*)
> **memorização**  me·mo·ri·za·ção

- Qual é a finalidade da repetição de cada um dos termos acima?

_____

_____

**3** O que as abreviaturas no início dos verbetes indicam?

_____

_____

_____

**4** Releia as três acepções da palavra **memória**. No texto "Memória e tecnologia", o termo foi empregado com qual dos três sentidos do verbete?

_____
_____
_____

**5** O que o termo **informática**, apresentado na terceira acepção da palavra **memória** pelo dicionário Caldas Aulete, informa?

_____
_____

**6** Observe o fragmento do verbete **memorizar**.

> Memorizamos algo quando o aprendemos e somos capazes de nos lembrar disso perfeitamente [= DECORAR]

- Explique a função do termo destacado.

_____
_____

**7** Releia a segunda acepção da palavra **memória**.

> **2** Também é algo de que nos lembramos: *Tenho boas memórias da minha infância.*

- Proponha um sinônimo para a palavra **memória** segundo a acepção acima.

_____

**8** A principal finalidade de um verbete de dicionário é:

a) listar palavras em ordem alfabética.

b) explicar os significados das palavras.

c) expor a classe gramatical das palavras.

d) informar a pronúncia das palavras.

**9** Agora releia, na página 93, o verbete **memorizar**.

- Consulte a palavra **memorizar** em um dicionário impresso ou digital e transcreva o que você encontrou.

_____
_____
_____
_____
_____

**10** Leia a seguir o verbete **tecnologia**, retirado do dicionário *on-line Michaelis*, e observe as partes que o compõem.

> **tecnologia**
> tec·no·lo·gi·a
> **sf**
> **1** Conjunto de processos, métodos, técnicas e ferramentas relativos a arte, indústria, educação etc.: *"O ensaio me pareceu muito bem craniado. Só notei que estás demasiadamente fascinado pela tecnologia. Daí a aceitar sem reservas a tecnocracia é um passo muito curto"* (EV).
> **2** Conhecimento técnico e científico e suas aplicações a um campo particular: *"Os serviços de informação e inteligência do Departamento de Estado norte-americano já dispunham de tecnologia suficiente para rastrear o encontro num quarto de hospital de dois personagens secundários […]"* (CA).
> **3** POR EXT Tudo o que é novo em matéria de conhecimento técnico e científico.
> **4** Linguagem peculiar a um ramo determinado do conhecimento, teórico ou prático.
> **5** Aplicação dos conhecimentos científicos à produção em geral: *Vivemos o momento da grande tecnologia.*
>
> **ETIMOLOGIA**
> *der do voc comp do gr tékhnĕ+o+gr lógos+*ia[1]*, como fr technologie*

*Michaelis:* dicionário brasileiro da língua portuguesa. Disponível em: https://michaelis.uol.com.br/moderno-portugues/busca/portugues-brasileiro/tecnologia/. Acesso em: 29 set. 2020.

- Associe as colunas do quadro abaixo indicando a função de cada uma das partes.

| I | tecnologia | ☐ | Exemplo de emprego da palavra – em geral, retirado de textos literários de autores brasileiros consagrados. |
|---|---|---|---|
| II | tec·no·lo·gi·a | ☐ | Categoria gramatical (substantivo, verbo, advérbio, adjetivo etc.). |
| III | sf | ☐ | Indicação da origem da palavra. |
| IV | **1** Conjunto de processos, métodos, técnicas e ferramentas relativos a arte, indústria, educação etc. | ☐ | Abreviação que indica sentidos que a palavra pode adquirir em outras situações. |
| V | "O ensaio me pareceu muito bem craniado. Só notei que estás demasiadamente fascinado pela tecnologia. Daí a aceitar sem reservas a tecnocracia é um passo muito curto" (EV). | ☐ | Cabeça ou entrada do verbete – palavra simples, palavra composta de hífen, locução, sigla, símbolo ou abreviatura. |
| VI | POR EXT | ☐ | Cada uma das acepções possíveis, identificadas por números. |
| VII | ETIMOLOGIA | ☐ | Apresentação da divisão silábica. |

Studio Imaginário

**11** Releia um trecho da crônica "Memória e tecnologia", de Rosely Sayão, e observe a palavra destacada.

> Mas agora é que chega a parte mais interessante para refletirmos. O casal **aquietou** o garoto e disse que bastava o menino informar o número do telefone do amigo que eles ligariam para ele.

**a)** Indique com um **X** a classificação gramatical da palavra **aquietou**.

☐ Substantivo feminino (sf)   ☐ Adjetivo feminino (adj f)

☐ Verbo transitivo direto (vtd)

**b)** Agora leia este verbete da palavra **quieto**.

> **quieto**
> qui·e·to
> **adj**
> **1** Que não se movimenta; imóvel, parado, quedo, queto: *Seus pés ficaram quietos e ele não saiu do lugar.*
> **2** Que revela comedimento ao agir ou falar; quedo, queto.
> **3** Diz-se de criança que não comete travessuras; queto.
> **4** Que é calmo ou tranquilo; manso, queto: *O mar está quieto e sem ondas.*
> **5** Que não produz barulho ou ruído; calmo, sereno: *A rua em que moro fica quieta aos domingos.*
> **sm**
> REG (MG) Vida sossegada; quietude, tranquilidade.
> ETIMOLOGIA
> *lat quietus.*

*Michaelis*: dicionário brasileiro da língua portuguesa. Disponível em: https://michaelis.uol.com.br/moderno-portugues/busca/portugues-brasileiro/quieto/2020. Acesso em: 29 set. 2020.

**c)** Com base na definição da palavra acima, construa, com suas palavras, um verbete para a palavra **aquietar** que contenha: a cabeça do verbete, a divisão silábica, a classe gramatical e uma acepção.

_____
_____
_____
_____

## Marcadores discursivos de posicionamento

Em uma crônica argumentativa, o autor defende um ponto de vista, ou seja, assume um posicionamento e tenta convencer o leitor dessa opinião. Para que isso ocorra, o autor deve argumentar. Veja a seguir o significado da palavra **argumentar**.

> **argumentar**
> ar·gu·men·tar
> **vti** e **vint**
> **1** Apresentar fatos, provas ou argumentos [...].
> [...]
> **vint**
> **3** Servir de argumento, prova ou documento [...].
> **vti**
> **4** Chamar à discussão; provocar controvérsia; altercar, brigar, discutir [...].
> **vtd**
> **5** Expor como argumento; aduzir, alegar [...].

*Michaelis*: dicionário brasileiro da língua portuguesa. Disponível em: https://michaelis.uol.com.br/moderno-portugues/busca/portugues-brasileiro/argumentar/. Acesso em: 26 mar. 2020.

Como você pôde perceber, fatos, provas, conclusões, discussões estão relacionados ao ato de argumentar. Ao elaborar um texto argumentativo, é necessário utilizar palavras que unam as partes do texto e contribuam para que a argumentação fique convincente. Essas palavras são os **marcadores discursivos** (também chamados de operadores, modalizadores ou articuladores discursivos), que contribuem para que o autor indique seu posicionamento.

**1** Releia um trecho da crônica argumentativa de Rosely Sayão e observe as palavras destacadas.

> Não mais ensinamos a elas, por exemplo, que é muito perigoso abrir a porta do carro em movimento, **porque** elas estão protegidas pelas travas; não as alertamos para os riscos de uma queda de local alto, **porque** elas estão protegidas pelas grades, **e assim por diante**.

**a)** Quais são as ideias ligadas pela palavra **porque**?

___
___
___

b) Nesse contexto, a palavra **porque** transmite a ideia de:

☐ explicação.              ☐ gradação.

☐ conclusão.               ☐ oposição.

c) Qual é o efeito de sentido criado pela repetição da palavra **porque** no texto?

_____

_____

d) Explique a ideia transmitida pela expressão **e assim por diante**.

_____

_____

> Os **marcadores discursivos de posicionamento** podem ter as funções a seguir.
> - **Acrescentar uma informação:** além disso; e; também; ainda; não só... mas também; tanto... como; além do mais; ademais etc.
> - **Contrapor informações:** mas; porém; todavia; entretanto; ainda que; embora; mesmo que; apesar de etc.
> - **Explicar informações:** já que; pois; porque; visto que; dado que; uma vez que etc.
> - **Propor conclusão:** portanto; dessa forma; logo; assim; por conseguinte; então; consequentemente etc.
> - **Sugerir gradação:** até mesmo; inclusive; no máximo; no mínimo etc.

**2** Leia outro trecho da crônica argumentativa de Rosely Sayão.

> Mas, quando deixamos a cargo do funcionamento dos aparelhos essas e outras tarefas, não consideramos que a vida é feita de falhas – humanas e mecânicas –, de inesperados, de acontecimentos inusitados. E que, nesses momentos, o que conta é o conhecimento que a pessoa guardou consigo.

- Nesse trecho, sublinhe um marcador discursivo que contrapõe informações e circule um marcador que acrescenta uma informação.

> Quando você estiver lendo um texto, fique atento ao uso desses **marcadores discursivos** que indicam o posicionamento do autor. Observe como o uso dessas palavras contribui para a ligação entre as partes do texto, de modo que ele fique mais coeso, mais compreensível, ou seja, coerente.

## Oficina de produção

### Crônica argumentativa

Nesta unidade, você estudou a **crônica argumentativa**. Agora é a sua vez de produzir o próprio texto. Em seguida, a turma fará um debate sobre um tema discutido nesta unidade: o uso da tecnologia.

**RECORDAR**

**1.** Complete o resumo das principais características de uma crônica argumentativa no mapa mental. Assim, quando você quiser relembrar esse gênero, é só consultar o esquema. Considerando os elementos da crônica argumentativa, preencha as lacunas com as opções indicadas a seguir.

| coloquial | cotidiano | crítica | jornais |
| persuasão | ponto de vista | reflexão | |

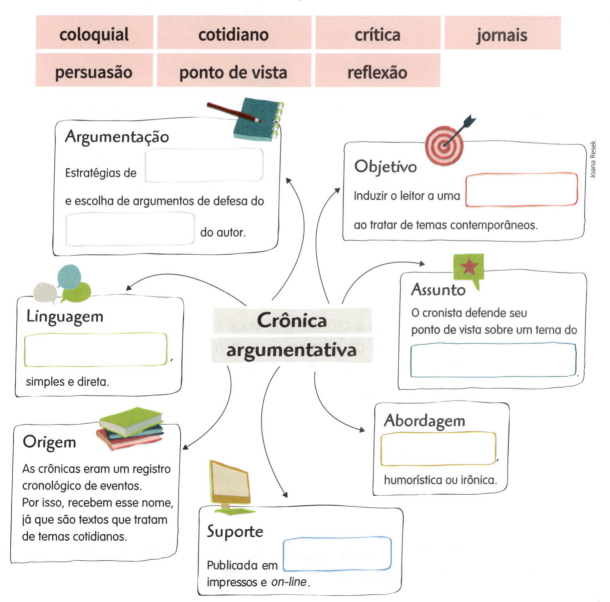

## PLANEJAR

2. Depois de relembrar as principais características da crônica argumentativa, você iniciará a escrita do texto.

3. No texto "Memória e tecnologia", a autora falou sobre o **uso excessivo dos aparelhos eletrônicos**. Esse também será o tema de sua crônica argumentativa.

4. A crônica deve se basear em acontecimentos do dia a dia, para, com base neles, tecer a reflexão e, consequentemente, a argumentação. Em que situação do cotidiano você vai se basear?

5. Leia sobre o assunto em outras fontes para adquirir mais conhecimentos e reunir mais argumentos para defender o seu posicionamento. Selecione os pontos mais relevantes para a discussão do tema.

6. Não se esqueça de que a apresentação de um ponto de vista seguido de sua defesa é fundamental para a caracterização do texto como crônica argumentativa.

## PRODUZIR

7. Chegou o momento da escrita. Você deverá escrever um texto de, no máximo, 30 linhas, empregando uma linguagem informal, simples e direta.

8. Inicie o texto com um breve relato, como fez Rosely Sayão no **Texto 1**. Nesse caso, conte uma história curta, com um número reduzido de personagens. O foco deve estar na argumentação.

9. Você pode atribuir ao texto um tom irônico, humorístico ou crítico.

## REVISAR

10. Compartilhe com um colega a crônica que você escreveu. Leia o texto do colega observando as caraterísticas do gênero. Siga o roteiro: A linguagem utilizada é simples e direta? O posicionamento do colega está evidente no texto? Ele escolheu bons argumentos para defender o ponto de vista? O título escolhido é adequado à discussão do texto?

11. Avalie as sugestões que seu colega fizer em seu texto e incorpore as alterações que achar necessárias.

## COMPARTILHAR

12. No dia combinado com o professor, apresente à turma a crônica que você escreveu e ouça as crônicas escritas pelos demais colegas.

## Debate regrado

Agora que você já leu um pouco mais sobre o uso excessivo da tecnologia para a preparação e a produção da sua crônica, chegou o momento de compartilhar o que aprendeu em um **debate regrado**.

> O **debate regrado** é um gênero oral argumentativo cujo objetivo é convencer os interlocutores sobre o ponto de vista.

### PRODUZIR

1. O professor estabelecerá o dia e o local em que ocorrerá o debate regrado.
2. A turma será dividida em dois grupos: um deles fará a exposição dos argumentos em defesa da tecnologia e de seus benefícios, enquanto o outro apontará argumentos contrários, expondo seus malefícios.
3. Até a data do debate, os alunos deverão se preparar, pesquisando sobre o assunto e reunindo argumentos em defesa do posicionamento adotado. É importante planejar o discurso e listar os argumentos que o grupo utilizará.
4. Os grupos deverão se preparar para contra-argumentar, ou seja, tentar antecipar os possíveis argumentos que serão utilizados pela outra equipe.
5. O professor terá a função de mediar a exposição dos argumentos dos dois grupos. Algumas regras são fundamentais: aquele que estiver fazendo uma exposição não deve ser interrompido; cada um falará no próprio turno, que terá o mesmo tempo para todos; o objetivo é debater ideias, portanto não leve as discussões para o plano pessoal; deve haver respeito à opinião dos colegas, sem provocações, piadas ou zombarias.
6. Ao final do debate, avalie a atividade com os colegas e o professor e respondam: O que poderá ser aprimorado para um próximo debate?

### Conheça

**Filme**
- *Divertida Mente*, de Peter Docter e Ronaldo Del Carmen. Estados Unidos, 2015. As emoções Alegria, Medo, Raiva, Nojinho e Tristeza são as protagonistas deste filme e estão dentro da cabeça de Riley, uma menina de 11 anos que precisa enfrentar os desafios de uma mudança de cidade. A história mostra, de um modo divertido, o funcionamento das memórias e das funções do cérebro (102 min).

**Site**
- *É hora de aprender com a Britannica*. Enciclopédia *on-line* voltada ao público infantil e juvenil. Disponível em: https://escola.britannica.com.br/. Acesso em: 19 out. 2020.

# UNIDADE 7
## Indígenas no Brasil

**O que você vai estudar?**
**Gêneros**
- Artigo de divulgação científica
- Entrevista

**Intervalo**
- Coesão textual

**O que você vai produzir?**
**Oficina de produção**
- Pesquisa e artigo de divulgação científica (escrita)
- Seminário (escrito e oral)

▶ Crianças guarani mergulhando em um rio. Terra Indígena do Rio Silveiras, Bertioga, São Paulo, 2019.

# Texto 1

### Antes de ler

1. Observe o título e as imagens do texto a seguir. Qual será o assunto tratado no texto?
2. O que você sabe sobre as Terras Indígenas no Brasil? Onde elas se localizam?
3. Qual deve ser a função dos mapas que acompanham o texto?

---

https://mirim.org/terras-indigenas

## Terras Indígenas

Terras Indígenas são territórios legalmente demarcados pelo Estado brasileiro. Isso quer dizer que o Estado brasileiro tem por obrigação protegê-los, [...] assim não é permitida a entrada de não indígenas nessas terras, a não ser com a autorização da comunidade indígena ou da Funai. [...]

Logo abaixo há dois mapas. [...]

Você verá que os dois mapas são muitos diferentes, especialmente porque muitos territórios indígenas estão situados em mais de um estado.

Isso acontece porque esses territórios já existiam antes da divisão do Brasil em estados – antes mesmo de existir o país!

O mesmo ocorre com as fronteiras entre os países! Muitas vezes encontramos povos indígenas que vivem entre dois ou mais países, porque já ocupavam essas áreas antes de os países existirem – isto é, antes da criação das fronteiras. É o caso dos Guarani, que vivem em cinco países: Brasil, Bolívia, Paraguai, Uruguai e Argentina.

[...]

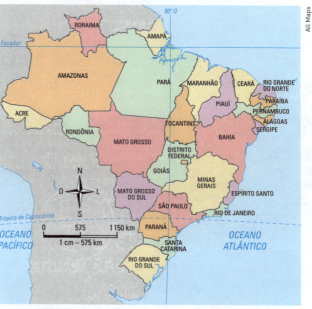

**Divisão do Brasil em estados**

Mapa elaborado com base em: DIVISÃO do Brasil em estados. Disponível em: https://mirim.org/terras-indigenas. Acesso em: 27 mar. 2020.

https://mirim.org/terras-indigenas

### Onde vive a maioria dos índios?

Cerca de **55%** da população indígena vive na chamada **Amazônia Legal**. Essa região abrange os estados do Amazonas, Acre, Amapá, Pará, Rondônia, Roraima, Tocantins, Mato Grosso e a parte oeste do Maranhão.

As Terras Indígenas localizadas nessa região são maiores do que aquelas existentes em outras regiões do país. A ocupação do território brasileiro pelos não índios, desde 1500, começou com a expulsão dos índios que viviam em áreas mais ou menos próximas ao litoral. Assim, as áreas mais afastadas, no interior do país, como a Amazônia Legal, foram as últimas a serem ocupadas, e é por isso que hoje em dia as Terras Indígenas lá são maiores. Para os povos que habitam a região isso significa uma melhor qualidade de vida, pois eles dependem diretamente do tamanho da área que ocupam para manter sua vida e sua cultura. Quanto maior é a Terra Indígena, mais plantas e animais existem e, assim, há mais alimentos, mais remédios, mais matéria-prima para a fabricação de objetos e casas etc.

### Existem índios fora da Amazônia Legal?

Os **45%** restantes da população indígena vivem em áreas fora da Amazônia Legal.

Esses grupos vivem "apertados" em terras muito menores que as Terras Indígenas localizadas na Amazônia. Na maioria das vezes, essas terras não são suficientes para manter suas formas tradicionais de vida e é assim que surgem problemas sérios, como a desnutrição e a miséria, gerados pela falta de alimentos: não há mais caça, nem peixes, nem lugares para fazer roça.

Há ainda muitos povos que não têm onde viver, pois foram expulsos de suas terras por ocupantes não indígenas. [...]

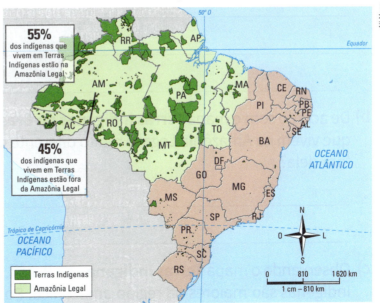

Mapa elaborado com base em: TERRAS Indígenas no Brasil. Disponível em: https://mirim.org/terras-indigenas. Acesso em: 27 mar. 2020.

MIRIM – POVOS INDÍGENAS NO BRASIL. Instituto Socioambiental. *Terras Indígenas*. Disponível em: https://mirim.org/terras-indigenas. Acesso em: 27 mar. 2020.

## Interagindo com o artigo de divulgação científica

**1** Releia a introdução do primeiro parágrafo do texto.

> Terras Indígenas são territórios legalmente demarcados pelo Estado brasileiro. Isso quer dizer que o Estado brasileiro tem por obrigação protegê-los [...]

a) O autor menciona o **Estado brasileiro**. A que se refere essa expressão?

_____

b) De acordo com o trecho "o Estado brasileiro tem por obrigação protegê-los", o que ou quem deve ser protegido?

_____

**2** Releia os mapas apresentados no texto e responda ao que se pede.

a) Os termos **Amazônia Legal** e **Amazonas** são sinônimos? Explique.

_____
_____
_____
_____

b) De acordo com o mapa **Terras Indígenas no Brasil**, a quantidade de indígenas que vivem na Amazônia Legal é muito diferente da quantidade dos que vivem fora dela?

_____
_____

c) Observando o mapa **Terras Indígenas no Brasil**, é possível notar que as Terras Indígenas são maiores na região amazônica. Por que isso ocorre?

_____
_____
_____

**3** O texto que você leu é denominado **artigo de divulgação científica**. Pode-se inferir que o objetivo principal desse texto é:

a) relatar episódios recentes sobre as Terras Indígenas.

b) argumentar sobre a distribuição das Terras Indígenas.

c) narrar histórias que se passam em Terras Indígenas.

d) transmitir conhecimentos sobre as comunidades indígenas do Brasil.

> O **artigo de divulgação científica** visa transmitir conhecimentos de caráter científico. A estrutura básica desse gênero é composta de tema central e desenvolvimento (formado de provas, exemplos, comparações etc). O autor emprega a norma-padrão da língua verbos no presente do indicativo e termos próprios da área do conhecimento explorada no artigo.

**4** Sobre a forma de organização do **Texto 1**, responda às questões a seguir.

a) O texto é acompanhado de mapas. Com que função esse recurso foi utilizado?

_____

_____

_____

b) Procure, no texto, verbos no presente do indicativo. Liste-os a seguir.

_____

▶ Moradia de indígenas do povo Uru-Eu-Wau-Wau. Terra Indígena Uru-Eu-Wau-Wa, Governador Jorge Teixeira, Rondônia, 2020.

c) Qual é a função dos títulos internos (intertítulos) no texto?

_____

_____

_____

## Texto 2

### Antes de ler

Observe a forma de organização do texto a seguir. Depois, responda oralmente às questões.

1. O que você acha que vai ler agora?
2. De acordo com o título do texto, qual parece ser o assunto tratado?

---

ENTREVISTA

# Dia do Índio:
## Conheça o indígena Kleykeniho Fulni-ô

[...]

Antes da chegada dos portugueses ao Brasil, estima-se que havia cerca de 8 milhões de habitantes na região amazônica. Hoje, 900 mil pessoas declaram-se indígenas, segundo o IBGE (Instituto Brasileiro de Geografia e Estatística).

Para comemorar este dia, confira a **entrevista** com Kleykeniho Fulni-ô, de 33 anos, que faz parte do povo indígena fulni-ô, uma tribo que vive em Águas Belas, Pernambuco.

Sua principal missão de vida é mostrar aos homens brancos a importância e a riqueza da cultura indígena. A entrevista foi publicada na edição 93 do *Joca*.

**O seu nome tem algum significado?**

Na aldeia, todos os índios têm o seu nome indígena e o nome da aldeia, que é como se fosse um sobrenome. Meu nome é Kleykeniho Fulni-ô. Kleykeniho significa "filho da onça" na minha língua, o iatê. Fulni-ô é minha tribo.

**Como é a aldeia onde você vive?**

Atualmente, há entre 7.500 e 8 mil índios. Nós temos duas aldeias: a ouricuri, que é um lugar religioso, onde nós ficamos de setembro a novembro e ao qual só os índios fulni-ô têm acesso; e a outra, no povoado, onde passamos os outros nove meses do ano e o homem branco pode entrar. Nesta aldeia nós trabalhamos, estudamos e vivenciamos nossa cultura.

ENTREVISTA

[...]

**O que os índios podem ensinar, por exemplo?**

Por mais que o índio tenha contato com o branco hoje, tenha acesso à tecnologia, aos meios de transporte, ele ainda tem a sua cultura. Nós saímos da aldeia mostrando como é possível ter mais respeito pela natureza, cuidar da água e ensinando como extraímos matéria-prima, como a palha. Nós também temos um grande conhecimento de ervas medicinais, que usamos em nosso dia a dia. Explicamos sobre as ervas medicinas do sertão. Muitas pessoas acham que lá não há ervas medicinais, mas isso não é verdade. Usamos as ervas para fazer chás que curam indisposição, dor de cabeça, dor de barriga, febre e vários outros tipos de doença. Quando não conhecemos uma doença, nós usamos a medicina do branco.

▶ O uso de ervas medicinais também é presente no cotidiano do povo Yawanawa. Aldeia Mutum, Rio Gregorio, Acre, 2018.

**Todo mundo que mora na aldeia fala a língua materna?**

Eu diria que 80%, 90% das pessoas que vivem na aldeia são falantes. Dentro da aldeia há escolas bilíngues, que ensinam português e a nossa língua, para reforçar esse contato com a língua materna, para que não se perca. Há índios que saem da aldeia, que são casados com brancos e perdem o contato com a língua materna.

**Como os costumes são aplicados no dia a dia?**

Nós vivenciamos o máximo que podemos de nossa cultura no cotidiano. Fazemos nossos cantos em casa ou em grupo, cantamos para agradecer a chuva que caiu do céu, falamos nossa língua materna, fazemos nossos artesanatos, como o arco e flecha, o cocar e o bodoque, que é um arco que atira pedras, entre outras práticas. O pai tem a obrigação de ensinar tudo o que sabe ao filho, e a mãe tem a obrigação de ensinar tudo o que sabe à filha. O pai ensina técnicas de caça, pesca, ervas medicinais, língua materna, costumes religiosos e outros. Já a mãe ensina a língua materna, ervas medicinais, artesanato e muito mais.

ENTREVISTA

**Vocês sempre moraram nas terras em que vivem atualmente?**

Antes da chegada dos brancos ao Brasil, o índio já vivia ali. O povo fulni-ô é originário de cinco etnias. Todas viviam nessa mesma região. Ao entrar em contato com os brancos, elas começaram a contrair doenças que quase exterminaram essas comunidades. Assim, elas se juntaram e criaram o povo fulni-ô. Como as tradições das etnias eram muito semelhantes, fizeram isso para que a cultura não se perdesse.

**Como essas terras foram dadas a vocês?**

Os índios fulni-ô participaram da Guerra do Paraguai (1864-1870) – 66 índios foram para a guerra. Destes, só um retornou. Na época, os índios pediram que, pelo sangue derramado, aquele local não fosse tirado deles, e a princesa Isabel (1846-1921) deu a garantia das terras aos índios. Eles já eram donos, e isso foi reafirmado. Porém, como o branco tinha um poder de fogo muito maior, começou a tomar essas terras. Com isso, a Polícia Federal, a pedido dos índios e do presidente da Funai [Fundação Nacional do Índio], fez uma demarcação e constatou que essas terras realmente eram dos índios fulni-ô. Mas ainda temos lutas constantes para que os grandes proprietários entendam isso.

▶ Eduardo de Martino. *Combate naval do Riachuelo*, 1870. Óleo sobre tela, 172,5 × 257 cm. Essa batalha foi uma das mais importantes da Guerra do Paraguai.

**Você faz muitos trabalhos em escolas. O que os alunos podem esperar desses encontros?**

É muito importante ir às escolas para mostrar ao branco brasileiro como é a cultura indígena, que muitas vezes não está no seu dia a dia. Há uma lei brasileira que obriga todas as escolas a vivenciar a cultura indígena. Como muitos professores não têm muitos conhecimentos sobre a tradição indígena, os próprios índios atuam como professores, levando a cultura para alunos de todo o país.

DIA do índio: Conheça o indígena Kleykeniho Fulni-ô. *Joca*, São Paulo, 19 abr. 2018. Disponível em: https://jornaljoca.com.br/portal/dia-do-indio-conheca-a-vida-do-indigena-kleykeniho-fulni-o/. Acesso em: 27 mar. 2020.

## Interagindo com a entrevista

**1** Na entrevista, há uma introdução antes da sequência de perguntas e respostas. Quais informações são apresentadas nessa introdução?

_____

_____

_____

_____

_____

**2** Observe a maneira como o texto é organizado. Por meio de que recurso as perguntas foram diferenciadas das respostas?

_____

_____

**3** Geralmente, entrevistas como a que você leu são publicadas em quais veículos de comunicação?

_____

_____

**4** A entrevista com o indígena Kleykeniho Fulni-ô foi publicada em que veículo de comunicação?

_____

_____

**5** Complete as frases a seguir.

a) Aquele que faz perguntas a alguém em uma entrevista é chamado de _____.

b) Aquele que responde às perguntas de alguém em uma entrevista é chamado de _____.

**6** **Entrevista** é um gênero textual da esfera jornalística. O principal objetivo de uma entrevista é:

a) questionar sobre acontecimentos vividos pelo entrevistado e fazer perguntas que o levem a opinar sobre certos assuntos.

b) propor perguntas que façam o entrevistado expor sua opinião sobre um assunto, argumentando em seu favor.

c) fazer perguntas que levem o entrevistado a relatar fatos de sua vida pessoal.

d) informar o entrevistado sobre detalhes pesquisados acerca de sua vida.

> Na **entrevista**, os textos costumam ser organizados em forma de perguntas e respostas, e seus temas são variados e selecionados de acordo com o tipo de leitor ou espectador que se pretende atingir. Geralmente, a entrevista é oral e gravada, podendo ser transcrita para a forma impressa.
>
> Há entrevistas em que o objetivo é levar o entrevistado a relatar fatos de sua vida pessoal ou profissional; em outras, predomina o caráter argumentativo, pois sua finalidade é registrar a opinião do entrevistado sobre determinado assunto.

**7** Observe as datas em destaque no trecho a seguir. O que elas indicam?

> Os índios fulni-ô participaram da Guerra do Paraguai (**1864-1870**) – 66 índios foram para a guerra. Destes, só um retornou. Na época, os índios pediram que, pelo sangue derramado, aquele local não fosse tirado deles, e a princesa Isabel (**1846-1921**) deu a garantia das terras aos índios. Porém, como o branco tinha um poder de fogo muito maior, começou a tomar essas terras. Com isso, a Polícia Federal, a pedido dos índios e do presidente da Funai [Fundação Nacional do Índio], fez uma demarcação e constatou que essas terras realmente eram dos índios fulni-ô. Mas ainda temos lutas constantes para que os grandes proprietários entendam isso.

_____

_____

_____

_____

**8** Quando conversamos com alguém, nossa fala apresenta expressões que não costumam aparecer em um texto formal escrito, como gírias (**cara**, **irmão**, **brother**) e hesitações (aham, né, hum). Essas expressões são chamadas marcas de oralidade. Na entrevista que você leu, há muitas marcas de oralidade?

___

> Uma entrevista pode ocorrer na modalidade **escrita** – por exemplo, em jornais e revistas – ou na modalidade **oral** – como em rádio, televisão e internet.
>
> Se a entrevista for feita oralmente, depois o jornalista poderá trabalhar o texto, retirando as marcas de oralidade, ou mantendo-as para sugerir naturalidade e remeter ao processo original da entrevista.

**9** Observe, a seguir, os elementos que compõem uma entrevista.

- 🟧 Introdução ou abertura
- 🟩 Informações, opiniões ou argumentos
- 🟨 Perguntas e respostas
- 🟦 Recursos

- Pinte os quadros abaixo com a cor correspondente à parte que cada um representa em uma entrevista.

| Alternar continuamente o discurso, por meio de perguntas e respostas que podem conduzir a questionamentos que não haviam sido preparados. |

| Empregar, por exemplo, o negrito em perguntas para facilitar a leitura da entrevista pelo leitor. |

| Apresentar o entrevistado ao leitor, assinalando informações relevantes de sua vida e apontando os fatos motivadores da entrevista. |

| Elaborar o conteúdo da entrevista por meio do relato de acontecimentos e da exposição de opiniões e de informações. |

## Coesão textual

**1** Releia os trechos a seguir, retirados do **Texto 1**, observando a função das palavras destacadas.

**Trecho 1**

> As Terras Indígenas localizadas nessa região são maiores do que **aquelas** existentes em outras regiões do país.

**Trecho 2**

> Para os povos que habitam a região isso significa uma melhor qualidade de vida, pois **eles** dependem diretamente do tamanho da área que ocupam para manter sua vida e sua cultura.

**a)** No primeiro trecho, a que expressão o pronome **aquelas** se refere?

_____

**b)** No segundo trecho, o pronome **eles** substitui que expressão?

_____

**c)** Observe:

| terras indígenas | aquelas | os povos | eles |
|---|---|---|---|
| ↓ | ↓ | ↓ | ↓ |
| feminino plural | feminino plural | masculino plural | masculino plural |

• Para evitar a repetição das palavras e fazer referência a elas, que tipo de relação é importante observar?

_____
_____
_____
_____

**2** Leia com atenção o parágrafo a seguir, adaptado do **Texto 1**.

> **Terras Indígenas** são territórios legalmente demarcados pelo **Estado brasileiro**. Isso quer dizer que o **Estado brasileiro** tem por obrigação proteger as **Terras Indígenas**.

- Reescreva o parágrafo, substituindo as expressões repetidas por sinônimos ou pronomes.

_____

_____

**3** Releia o parágrafo que introduz o **Texto 1**.

> **Terras Indígenas** são **territórios** legalmente demarcados pelo Estado brasileiro. Isso quer dizer que o Estado brasileiro tem por obrigação protegê-**los** [...] assim, não é permitida a entrada de não indígenas **nessas terras**, a não ser com a autorização da comunidade indígena ou da Funai.

a) Que expressões evitam a repetição de **Terras Indígenas**?

_____

b) Que palavra o pronome **-los** substitui?

_____

c) Com que objetivos essas substituições foram feitas?

_____

_____

> Para manter a **coesão textual** e evitar a repetição de palavras, pode-se usar:
> - **sinônimo** (palavra de sentido semelhante ao de outra palavra) ou **hiperônimo** (palavra de sentido mais genérico);
> - **pronome** (palavra que substitui ou acompanha o nome, estabelecendo concordância com ele).
>
> Esses recursos linguísticos garantem a progressão do texto e a construção coesa e coerente das produções escritas.

117

## Oficina de produção

### Pesquisa e artigo de divulgação científica

Nesta unidade, as leituras do artigo e da entrevista ajudaram você a conhecer a vida das comunidades indígenas do Brasil. Agora, vamos ampliar esse conhecimento com uma pesquisa, um artigo e a apresentação de um seminário.

**RECORDAR**

1. Preencha as lacunas do esquema com as principais características de um artigo de divulgação científica.

| conclusão | confiáveis | conhecimento | dados | formal |
| introdução | objetiva | presente | segurança | tema |

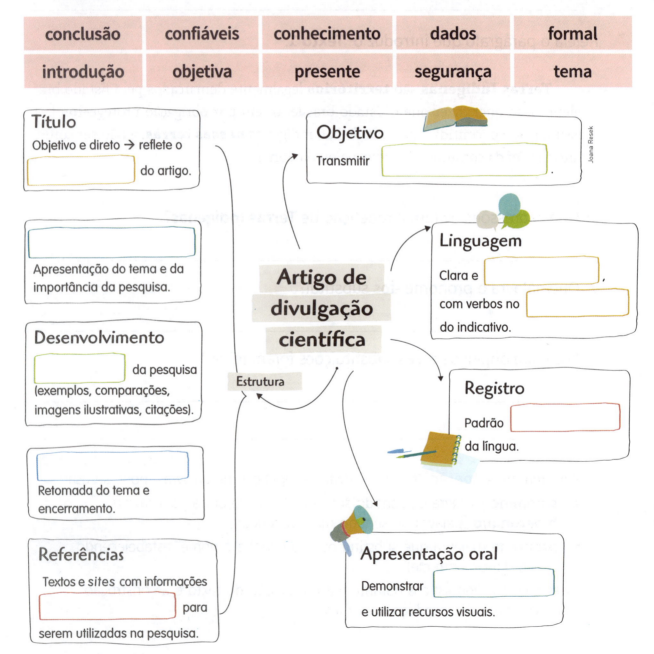

## PESQUISAR E PLANEJAR

2. Em grupos, você e os colegas vão refletir juntos e escrever um artigo científico sobre um dos temas a seguir.

- **Heranças linguísticas.** Pesquisem palavras de origem indígena que são empregadas atualmente na língua portuguesa.
- **Heranças na alimentação.** Procurem saber quais são os alimentos típicos da cultura indígena que atualmente fazem parte da alimentação dos brasileiros.
- **Comunidades indígenas vizinhas.** Investiguem se há populações indígenas que vivem próximo à cidade onde vocês moram.

3. Discutam o assunto que escolheram e o pesquisem. Façam as pesquisas na internet e em livros e conversem com pessoas que tenham algum conhecimento sobre o tema escolhido, como professores da escola. Vocês podem realizar pequenas entrevistas com eles e pedir-lhes que indiquem livros para pesquisa. Vejam alguns *sites* que vocês podem consultar:

- **Museu do Índio:** http://www.museudoindio.gov.br/. Acesso em: 21 out. 2020.
- **Revista *Superinteressante*:** https://super.abril.com.br/. Acesso em: 21 out. 2020.
- **IBGE:** https://ibge.gov.br/. Acesso em: 21 out. 2020.

## PRODUZIR

4. Organizem o material pesquisado e comecem a escrever o artigo científico, que deve ter introdução, desenvolvimento e conclusão.

5. Pensem nos leitores de seu artigo: os colegas da escola. Que recursos o artigo pode ter para que eles se interessem pelo assunto? Não se esqueçam de que os dados devem ser apresentados de forma clara.

6. Criem um título principal que indique o assunto tratado e façam um rascunho do texto no caderno.

## REVISAR

7. Troquem o rascunho de vocês com o de outro grupo. Esse grupo os ajudará a revisá-lo e vocês farão o mesmo com o rascunho dele. Observem se o texto: tem um título objetivo que indique o tema do artigo; apresenta introdução, desenvolvimento e conclusão; emprega uma linguagem objetiva, utilizando a norma padrão; apresenta informações claras e reproduzidas de fontes confiáveis.

8. Após a observação feita pelos colegas, realizem as modificações necessárias para tornar o texto mais interessante e fácil de entender. Depois, entreguem-no ao professor para que ele faça novas sugestões.

## Seminário

O seminário é um gênero oral que circula nos meios escolares e científicos e tem como objetivos investigar um tema e apresentar os resultados ou problemas sobre ele a um público que se interessa pelo assunto. Dessa forma, por meio do seminário, ocorrem a exposição e a troca de saberes, de conhecimentos.

### PLANEJAR

1. Reúna-se novamente com o grupo com o qual você realizou a pesquisa sobre o tema indígena para planejar e apresentar um seminário à turma.
2. Para que vocês exponham as informações pesquisadas, é necessário que estudem novamente os textos investigados e, principalmente, o trabalho escrito.
3. Se julgarem oportuno, pesquisem, na biblioteca ou na internet, outras informações sobre o tema.
4. Anotem as informações que considerem relevantes para a apresentação do tema, acrescentando-as aos dados pesquisados para a elaboração do artigo. Com base nesse conteúdo, escrevam um roteiro para o seminário que apresentarão.
5. Estabeleçam o tempo de apresentação que deve ser usado por cada integrante do grupo. Façam um esquema para organizar a apresentação, definindo: qual será o primeiro dado ou ponto de vista apresentado; quem vai falar sobre o quê; quais serão os recursos usados (vídeo, *slides*, *datashow*); quais textos serão citados etc.
6. Ensaiem a apresentação tendo em mãos o roteiro feito anteriormente. Evitem lê-lo. Vocês podem consultá-lo como guia do que vão dizer. Se for preciso, estudem o assunto e ensaiem várias vezes até que tenham mais segurança em relação ao assunto e à fluência ao falar.

### PRODUZIR

7. Vejam a seguir algumas dicas para a apresentação do seminário.
   - Distribuam as tarefas entre vocês e escolham quem fará o manuseio dos recursos visuais durante a apresentação. Isso deve ser combinado com antecedência.
   - No início do seminário, cumprimentem os colegas que assistirão a ele e façam uma breve apresentação do grupo e do tema que será tratado.
   - Exponham a importância da abordagem do tema e indiquem o que, especificamente, o grupo tratará.
   - Sigam o roteiro que prepararam para expor o assunto, sem omitir nenhuma informação.
   - Prestem atenção ao que os colegas do grupo apresentarem, para que possam retomar o que for falado por eles.
   - No final da exposição, retomem os principais pontos abordados e produzam uma conclusão, tendo em vista tudo o que foi citado de relevante durante o seminário.

8. Não se esqueçam de elementos como a postura, a voz, o ritmo da fala e a maneira de olhar. Tratar o público com simpatia pode ser determinante para a apresentação de um bom seminário. Levando isso em consideração, lembrem-se de:
   - ficar em pé e de frente para a plateia;
   - manter o ritmo na fala e na entonação, para que a apresentação possa ser compreendida e não seja cansativa;
   - falar alto, de maneira que todos possam ouvi-los, mas sem exagerar, para não causar incômodo aos ouvintes;
   - olhar nos olhos das pessoas que estão assistindo ao seminário para transmitir segurança sobre o que estiverem falando;
   - ser simpáticos com o público, estando prontos a solucionar quaisquer dúvidas que possam surgir.
9. Durante a apresentação dos seminários, os colegas ouvintes devem tomar notas sobre o que cada grupo pesquisou. Depois de todas as apresentações, os grupos vão compartilhar as impressões sobre os trabalhos uns dos outros.

## Conheça

### Livros

- *O povo Pataxó e suas histórias*, de Angthichay, Arariby, Jassanã, Manguahã e Kanátyo. São Paulo: Global, 1999.

O livro foi escrito por professores pataxós que reuniram várias histórias contadas na comunidade. O texto e as ilustrações se destacam por retratar o dia a dia dos indígenas, pelo olhar particular de quem vive inserido na cultura da comunidade até os dias atuais.

- *Japii e Jakãmi – uma história de amizade*, de Yaguarê Yamã. São Paulo: Leya, 2014.

Por meio da história de dois pássaros, o escritor reconta mitos e lendas dos povos Maraguá e Sateré. Essas histórias permitem o contato do leitor com expressões próprias das muitas línguas indígenas faladas no Brasil, tão importantes quanto a diversidade da fauna e da flora amazonense, retratada nessa obra.

- *ABC dos povos indígenas do Brasil*, de Marina Kahn. São Paulo: Edições SM, 2015.

Esse livro apresenta, em ordem alfabética, verbetes do vocabulário indígena que remetem a festas, brincadeiras, objetos utilizados no cotidiano, mitos e outras tradições. As informações contidas na obra foram pesquisadas em um universo de 234 povos que vivem de norte a sul do país.

### Site

- *Mirim – Povos indígenas do Brasil*. Produz material destinado à pesquisa escolar, apresentando a diversidade dos povos Indígenas. Disponível em: https://mirim.org/pt-br. Acesso em: 27 mar. 2020.

# UNIDADE 8
# Vamos falar de fatos

▶ Colheita de morangos. Brazlândia, Distrito Federal, 2019.

**O que você vai estudar?**

**Gêneros**
- Notícia
- Reportagem

**Intervalo**
- Relação semântica das conjunções

**O que você vai produzir?**

**Oficina de produção**
- Roteiro para reportagem (escrito)
- Reportagem multimodal

### Antes de ler

1. Você sabe para que servem os agrotóxicos? Se não souber, o que imagina que essas substâncias fazem?
2. Qual é a relação entre o título do texto e as fotografias que o ilustram?

 https://jornaljoca.com.br/portal/novas-regras-para-agrotoxicos-sao-aprovadas-2

## Novas regras para agrotóxicos são aprovadas

**Versão ampliada da matéria publicada na edição 135 do jornal Joca.**

Uma nova forma de avaliar e classificar agrotóxicos no Brasil foi aprovada e publicada no *Diário Oficial da União*, no dia 31 de julho [de 2019]. Antes, um produto podia ser classificado em até quatro categorias: pouco tóxico, medianamente tóxico, altamente tóxico e extremamente tóxico. Com a regulação nova, o número de classes passou para cinco: improvável de causar dano agudo, pouco tóxico, moderadamente tóxico, altamente tóxico e extremamente tóxico, além da categoria "não classificado". Com a medida, 1.942 produtos foram avaliados pela Agência Nacional de Vigilância Sanitária (Anvisa) e 1.924 mudaram de classificação. Hoje, há 2.201 agrotóxicos disponíveis para compra no país.

### O que mudou?

| CATEGORIA 1 | CATEGORIA 2 | CATEGORIA 3 | CATEGORIA 4 | CATEGORIA 5 | NÃO CLASSIFICADO |
|---|---|---|---|---|---|
| EXTREMAMENTE TÓXICO | ALTAMENTE TÓXICO | MODERADAMENTE TÓXICO | POUCO TÓXICO | IMPROVÁVEL DE CAUSAR DANO AGUDO | NÃO CLASSIFICADO |
| ☠ | ☠ | ☠ | ❗ | Sem símbolo | Sem símbolo |
| PERIGO | PERIGO | PERIGO | CUIDADO | CUIDADO | Sem advertência |
| Fatal se ingerido | Fatal se ingerido | Tóxico se ingerido | Nocivo se ingerido | Pode ser perigoso se ingerido | - |
| Fatal em contato com a pele | Fatal em contato com a pele | Tóxico em contato com a pele | Nocivo em contato com a pele | Pode ser perigoso em contato com a pele | - |
| Fatal se inalado | Fatal se inalado | Tóxico se inalado | Nocivo se inalado | Pode ser perigoso se inalado | - |

Anvisa.

▶ As novas categorias de classificação dos agrotóxicos.

Antes das novas regras, para ser classificado como extremamente tóxico, o produto não necessariamente precisaria levar à morte. Agrotóxicos que causavam lesões ou irritação severa também entravam nessa categoria. Agora, os produtos que causam irritação severa, mas sem risco de morte, passam a entrar em categorias como "moderadamente tóxico", "pouco tóxico" ou "improvável de causar dano agudo".

▶ Agrotóxicos são usados para matar pestes ou plantas invasoras nas plantações.

Apenas será enquadrado como "extremamente tóxico" ou "altamente tóxico" o produto que levar à morte se for ingerido, inalado ou entrar em contato com a pele.

**Posição do governo e críticas**

Segundo a Anvisa, a nova regulamentação tem como objetivo fazer com que o Brasil siga os mesmos padrões de classificação do Globally Harmonized System of Classification and Labelling of Chemicals (GHS – Sistema Globalmente Harmonizado de Classificação e Rotulagem de Produtos Químicos), adotado por países da União Europeia e Ásia. "O novo marco atualiza e torna mais claros os critérios de avaliação e classificação de toxicidade dos produtos. Também estabelece mudanças importantes no rótulo dos produtos, com a adoção do uso de informações, palavras de alerta e imagens que facilitam a identificação de perigos à vida e saúde humana", respondeu a Anvisa em nota ao *Joca*.

A medida, porém, foi criticada por entidades de saúde, que alegam que as novas regras podem colocar em risco o bem-estar das pessoas que produzem os alimentos e das que os consomem. "Com essa decisão, o número de produtos classificados como extremamente tóxicos caiu de 702 para 43. O restante foi para a classe pouco tóxica ou equivalente. Isso é muito preocupante", diz Luiz Cláudio Meirelles, pesquisador da Fundação Oswaldo Cruz. "No momento em que eu digo que um item passou a ter classificação de pouco tóxico, ele deixa de ser identificado pelo produtor como algo problemático para a saúde, embora seja corrosivo para os olhos e a pele, por exemplo", completa.

**Outras visões**

A organização ambiental Greenpeace critica o governo por ter aprovado o marco sem que houvesse um debate com a sociedade para discutir os efeitos das novas regras. "Esse marco é extremamente prejudicial ao meio ambiente e à saúde das pessoas, pois vai mascarar algumas substâncias, como se elas fossem menos tóxicas do que realmente são", afirma Marina Lacôrte, coordenadora da campanha de agricultura e alimentação do Greenpeace. "O produto vai ser considerado seguro, acelerando a liberação de cada vez mais agrotóxicos em nosso prato e no meio ambiente."

Já Mônika Bergamaschi, presidente do Instituto Brasileiro para Inovação e Sustentabilidade no **Agronegócio** (Ibisa), diz que, independentemente das mudanças na regulamentação, os funcionários vão continuar usando equipamentos de segurança para lidar com agrotóxicos. "A pessoa tem que usar luvas, óculos. Você não tira a medida de proteção com a nova classificação", afirma. Além disso, Mônika diz que, em geral, os agricultores evitam utilizar produtos muito agressivos para não prejudicar a polinização. "Se eu colocar um produto que mata tudo, eu não vou ter mais polinização e a minha produção vai cair."

### Saiba mais sobre agrotóxicos

#### Por que são polêmicos?

Produtores agrícolas afirmam que agrotóxicos são necessários para controlar pestes que prejudicam as plantações, que, por sua vez, fornecem comida para a população e geram alimentos que contribuem para o crescimento da economia do país. No entanto, alguns grupos alegam que eles podem trazer danos à saúde de quem produz e consome os alimentos. Os produtos também são criticados por **ambientalistas**, que alegam que as substâncias podem contaminar o solo e a água.

▶ Plantação de soja no Rio Grande do Sul.

#### Quem avalia se um agrotóxico é seguro?

Um agrotóxico só pode ser usado no Brasil se seguir as exigências estipuladas pelos órgãos do governo. Para que um produto seja aprovado, ele é avaliado pelo Ministério da Agricultura, pela Anvisa e pelo **Ibama**.

NOVAS REGRAS para o uso de agrotóxicos são aprovadas. *Joca*, São Paulo, 25 ago. 2019. Disponível em: https://jornaljoca.com.br/portal/novas-regras-para-agrotoxicos-sao-aprovadas-2. Acesso em: 9 fev. 2020.

## Glossário

**Agronegócio:** conjunto de operações do trabalho agropecuário (agricultura e pecuária), que abrange desde o plantio dos vegetais e a criação dos animais até a venda dos produtos a empresas, supermercados etc.
**Ambientalista:** pessoa ou entidade que se envolve com causas ambientais.
**Corrosivo:** substância que desgasta os materiais.
**Ibama:** Instituto Brasileiro do Meio Ambiente e dos Recursos Naturais Renováveis.

## Interagindo com a notícia

**1** Explique qual é o fato noticiado pelo texto.

_____

**2** Releia o título da notícia e observe a palavra destacada.

> Novas regras para agrotóxicos **são** aprovadas.

a) Qual é a função do título em uma notícia?

_____

b) Que tempo está sendo utilizado na forma verbal em destaque no título? Que tipo de ação esse tempo expressa?

_____
_____
_____

c) Esse tempo verbal está sendo empregado no título em seu sentido usual?

_____
_____
_____

**3** Observe que há vários subtítulos na notícia que, nesse caso, são chamados de **intertítulos**. Levante hipóteses: Qual é a função dos intertítulos?

_____
_____
_____

> Os **intertítulos** são utilizados em uma notícia para separar partes do texto e facilitar a localização das informações.

127

**4** Retorne ao texto e localize os **marcadores temporais** utilizados na notícia.

a) Identifique uma expressão empregada para indicar tempo.

_____

b) Em notícias, por que é importante especificar quando ocorrem os fatos?

_____

> O presente do indicativo e os **marcadores temporais** indicam a atualidade dos fatos da notícia.

**5** Na maior parte das vezes, a notícia é iniciada com um **lide**, que costuma ser apresentado no primeiro parágrafo do texto.

a) Identifique no texto o lide da notícia e sublinhe-o.

b) Observe alguns itens que geralmente compõem o lide de uma notícia. Complete o quadro com os elementos correspondentes a cada um. Caso algum dos tópicos não tenha sido citado no lide, busque a resposta em outra parte do texto.

| | |
|---|---|
| **O quê?** (o fato ocorrido) | |
| **Quem?** (instituição envolvida) | |
| **Quando?** (tempo em que ocorreu o fato) | |
| **Onde?** (lugar) | |
| **Por quê?** (justificativa do acontecimento) | |

> **Lide** é um texto curto que tem o objetivo de apresentar, de forma resumida, as informações essenciais para o entendimento da notícia: o quê, quem, onde, quando, como e por que um fato aconteceu.

**6** Segundo a notícia, qual foi a maior mudança na classificação dos agrotóxicos? Sublinhe no texto um trecho que se refira a essa alteração.

_____

_____

**7** Releia o quadro que acompanha a notícia e responda às questões a seguir.

a) Com que finalidade foi utilizado?

_____

_____

b) Para que serve a legenda?

_____

_____

c) Que outro elemento da notícia tem função semelhante e também é acompanhado de legenda?

_____

d) Explique a relação entre os símbolos presentes no quadro e a classificação dos agrotóxicos.

_____

_____

_____

_____

**8** Releia os trechos de dois depoimentos presentes na notícia.

> O novo marco atualiza e torna mais claros os critérios de avaliação e classificação de toxicidade dos produtos. (Anvisa)

> Esse marco é extremamente prejudicial ao meio ambiente e à saúde das pessoas, pois vai mascarar algumas substâncias, como se elas fossem menos tóxicas do que realmente são. (Marina Lacôrte, coordenadora da campanha de agricultura e alimentação do Greenpeace)

a) A função desses depoimentos na notícia é:

☐ expressar a fala de um especialista, para dar credibilidade à notícia.

☐ ilustrar uma situação vivida por alguém que tenha vivenciado o fato.

b) Um **depoimento** pode utilizar o discurso direto ou o indireto. Indique com **D** os trechos em **discurso direto** e com **I** os que estão no **discurso indireto**.

☐ "'Com essa decisão, o número de produtos classificados como extremamente tóxicos caiu de 702 para 43.'" [...]

☐ "A organização ambiental Greenpeace critica o governo por ter aprovado o marco sem que houvesse um debate com a sociedade para discutir os efeitos das novas regras."

☐ "O produto vai ser considerado seguro, acelerando a liberação de cada vez mais agrotóxicos em nosso prato e no meio ambiente."

☐ "Já Mônika Bergamaschi, presidente do Ibisa, diz que [...] os funcionários vão continuar usando equipamentos de segurança para lidar com agrotóxicos."

> As notícias utilizam **depoimentos** (também chamados de entrevistas ou citações) para ilustrar uma situação, por meio de testemunhos pessoais, ou para dar credibilidade ao fato noticiado, por meio de explicações de especialistas.

> Os depoimentos podem utilizar discurso direto ou indireto para representar a fala de pessoas. O **discurso direto** é a fala direta do entrevistado, indicada por meio de aspas ou travessões. Já o **discurso indireto** é a notícia relatando o que o entrevistado falou, indicada por verbos ou expressões de enunciação: "falou", "disse" etc.

**9** Sobre a linguagem utilizada na notícia, marque a alternativa correta.

a) A notícia utiliza registro formal, com linguagem impessoal, clara, objetiva, direta e acessível.

b) A notícia utiliza registro informal, com linguagem subjetiva, indireta, coloquial e uso de gírias.

c) A notícia utiliza registro informal, com linguagem poética e geralmente coloquial.

d) A notícia utiliza registro formal, com linguagem subjetiva, pessoal.

**10** Ao final da notícia, há um trecho com o intertítulo "Saiba mais sobre agrotóxicos". Considerando o contexto e o público leitor dessa notícia, explique a função dessa parte do texto.

_____
_____
_____
_____
_____

**11** Qual é o objetivo comunicativo da **notícia** "Novas regras para agrotóxicos são aprovadas"?

_____
_____

A **notícia** é um gênero informativo que trata de um acontecimento, sendo veiculada, em geral, em jornais, revistas e portais da internet. Tem um título, que costuma ser objetivo e sucinto, que indica o assunto e busca despertar a atenção do leitor para o que será lido. O corpo do texto começa com o lide e, em seguida, é apresentado o detalhamento do fato noticiado, que pode ser complementado com depoimentos, imagens e gráficos. Geralmente, nas notícias são utilizados verbos no presente do indicativo, para indicar a atualidade do fato. A linguagem desses textos é impessoal, clara, objetiva e acessível, com a utilização do registro formal da linguagem.

### Antes de ler

1. De que assunto a reportagem parece tratar?
2. Observando a estrutura geral do **Texto 2**, indique uma semelhança e uma diferença em relação ao Texto 1.
3. Em que veículos de comunicação (ou suportes textuais) as reportagens costumam ser publicadas?

 https://g1.globo.com/economia/agronegocios/noticia/2019/05/27/brasil-usa-500-mil-toneladas-de-agrotoxicos-por-ano

## Brasil usa 500 mil toneladas de agrotóxicos por ano, mas quantidade pode ser reduzida, dizem especialistas

**País é o maior consumidor de agrotóxicos do mundo em números absolutos, mas não em relação à área plantada e nem à produção, fica atrás de Japão, União Europeia e EUA.**

*Por Luísa Melo, G1*
27/05/2019 11h48 Atualizado há 7 meses

O Brasil é o maior consumidor de agrotóxicos do mundo em números absolutos. Mas perde para Japão, União Europeia e Estados Unidos quando são levadas em conta duas variáveis: a quantidade de alimento produzida e a área plantada. Nesses casos, a aplicação de veneno pelo país é proporcionalmente menor.

A agricultura brasileira usou 539,9 mil toneladas de pesticidas em 2017, segundo os dados mais recentes do Instituto Brasileiro de Meio Ambiente (Ibama). Isso representou um gasto de US$ 8,8 bilhões (cerca de R$ 35 bilhões no câmbio atual), de acordo com a associação que representa os fabricantes, a **Andef**.

No *ranking* de uso por hectare de lavoura, o Brasil foi o sétimo naquele ano, com gasto equivalente a US$ 111. O Japão, líder do *ranking*, aplicou US$ 455.

**Gasto com agrotóxicos por produção em 2017**
Em US$ por tonelada de alimento produzido

| # | País | Valor |
|---|---|---|
| 1. | Japão | 95,4 |
| 2. | Coreia | 47 |
| 3. | Itália | 22,6 |
| 4. | França | 18,4 |
| 5. | Alemanha | 18 |
| 6. | Canadá | 17,8 |
| 7. | Reino Unido | 15,1 |
| 8. | Espanha | 14,6 |
| 9. | EUA | 11,3 |
| 10. | Argentina | 10,2 |
| 11. | Austrália | 9,1 |
| 12. | Polônia | 8,8 |
| 13. | Brasil | 8,1 |

Fonte: Unesp Botucatu/Andef
Infográfico elaborado em: 24/05/2019
Betta Jaworski/G1

▶ Brasil ocupou 13ª posição no *ranking* de países que mais usaram agrotóxicos por área plantada em 2017.

Já por tonelada de alimento produzido, o país foi o 13º, com US$ 8. O Japão, novamente na liderança, gastou US$ 95.

"É preciso lembrar que a gente produz num clima tropical, em que o inverno não é rigoroso o suficiente para interromper os ciclos de pragas e patógenos, como acontece nos países de clima temperado", diz Marcelo Morandi, diretor-presidente da **Embrapa** Meio Ambiente.

Ou seja: o mesmo clima favorável que possibilita ao Brasil colher duas safras por ano favorece a ocorrência de pragas e doenças.

Mas a liberação de agrotóxicos vem ganhando velocidade nos últimos anos no Brasil. Neste ano, até meados de maio, foram registrados 169 produtos, mais do que em todo o ano de 2015.

Nenhum deles constitui princípio ativo novo: são novas misturas de substâncias já aprovadas ou "genéricos". Mas entidades em defesa do meio ambiente temem que a liberação de mais produtos, ainda que não inéditos, acarrete uma aplicação mais intensa pelos agricultores, já que os preços tendem a cair.

Indústria e Embrapa afastam essa possibilidade. "O produtor não vai usar mais porque está mais barato. Os insumos, entre eles os agrotóxicos, estão entre os maiores custos para o produtor, todo mundo quer é reduzir o uso", afirma Morandi.

"O que vai acontecer, eventualmente, é a substituição de produtos", emenda Mario von Zuben, diretor-executivo da Andef.

### Uso desnecessário e contrabando

Indústria e governo garantem que os pesticidas são seguros se aplicados corretamente, mas admitem que há excessos, mau uso e barreiras na fiscalização.

Segundo o último balanço divulgado pelo Ministério da Saúde, de 2007 a 2015 foram registrados mais de 84 mil casos de intoxicação por agrotóxicos. Na conta, entram venenos de uso nas lavouras, doméstico e raticidas.

"A situação mais crítica é no campo, onde está o indivíduo potencialmente mais exposto aos produtos. Mas, da forma como são registrados, seguindo as determinações de uso, a chance de ocorrer um problema é reduzida ao extremo", diz Von Zuben, o diretor-executivo da Andef.

Segundo o representante das fabricantes, a indústria tem consciência da responsabilidade sobre o tema e realiza treinamentos sobre melhores práticas para os agricultores.

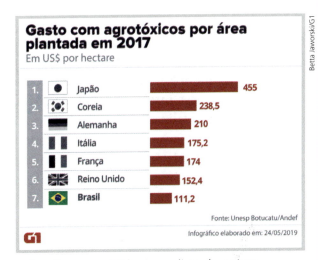

▶ Brasil ocupou 7º lugar na lista de países que mais usaram agrotóxicos por área plantada em 2017.

https://g1.globo.com/economia/agronegocios/noticia/2019/05/27/brasil-usa-500-mil-toneladas-de-agrotoxicos-por-ano

Morandi, da Embrapa, diz que a exigência de uma receita agronômica para a compra de agrotóxicos é, por si só, uma ferramenta para racionalizar a aplicação, mas que muitas vezes é burlada.

"Infelizmente, muitos revendedores assinam o receituário sem avaliar a lavoura, sem de fato fazer a consulta que tem de ser feita. É uma questão de fiscalização."

Ele afirma que outro problema é o contrabando de venenos formulados com substâncias não permitidas no Brasil. "São práticas que precisam ser coibidas, mas aí já é caso de polícia."

### Fiscalização

Para a Anvisa, mais importante que defender a não aprovação de novos pesticidas, que podem ser menos tóxicos que os antigos, é checar os já existentes no mercado, para se certificar de que estes continuam seguros – e retirá-los do mercado, se necessário.

"As pessoas dizem: esse produto (o agrotóxico) mata. Mata, isso é veneno. Se você pegar um copo e tomar, você vai morrer, sem dúvida nenhuma. Mas eu não posso classificar esse fato como determinante para que eu proíba um produto para a agricultura brasileira inteira, porque o que se fez foi utilizar o produto indevidamente", diz Renato Porto, diretor da agência.

Periodicamente, a Anvisa revisa alguns princípios ativos. Desde 2016, 16 foram reavaliados, dos quais 12 foram proibidos e 4 mantidos, 3 deles com restrições – o último foi o 2,4-D, segundo agrotóxico mais usado no Brasil, depois do glifosato.

"O grande desafio de hoje é aumentar a fiscalização no campo", diz Carlos Venancio, coordenador-geral da área de agrotóxicos do Ministério da Agricultura.

"Temos 5 milhões de propriedades rurais [no país], é impossível o governo estar presente no momento em que se aplicam todos os produtos", completa.

Segundo ele, essa tarefa é dificultada porque a lei dos agrotóxicos, de 1989, determina que a fiscalização deve ser feita pelos estados. "[Ela] se fragiliza porque a União não pode passar recursos para o estado fazer o que é competência dele", afirma.

Ele diz que o ministério realiza encontros entre representantes dos estados para conscientizar e trocar experiências sobre o tema.

### Como reduzir o uso

Morandi diz que ainda não é possível eliminar os agrotóxicos na agricultura. "Nas nossas tecnologias de hoje, são produtos indispensáveis. Temos que usar da forma correta, mas são necessários", afirma.

"É como um remédio para dor, que você não toma todo dia, mas tem que existir porque um dia você vai precisar", compara o pesquisador da Embrapa.

Ele ressalta, porém, que dá para diminuir bastante o uso desses produtos. Para isso, as ferramentas vão desde o manejo integrado de pragas, como mostrou o Globo Rural, até o planejamento da safra, respeitando a época correta de plantio, com preparo e adubação corretos do solo.

Essas práticas, inclusive, geram economia para o produtor.

Outro recurso é alternar o uso de químicos com produtos biológicos, feitos à base de organismos vivos, como fungos e bactérias. "O Brasil tem uma biodiversidade que nos possibilita ter organismos que naturalmente combatem pragas. Temos condições de fazer uma agricultura muito sustentável", diz Morandi.

Dos defensivos aprovados neste ano, só 5% são biológicos. Alguns produtos desse tipo podem, inclusive, ser aplicados nos cultivos orgânicos.

"Orgânico ou convencional, se forem responsáveis, ambos os processos podem entregar produtos saudáveis para a população. Só não dá para imaginar que o mundo vá ser alimentado com produção orgânica. Ela custa mais por motivos óbvios: a produtividade é muito menor", afirma Von Zuben, da Andef.

"Não tem milagre. Teríamos que abrir 2 ou 3 vezes mais territórios se quiséssemos substituir toda a produção convencional por orgânica", completa.

Morandi, da Embrapa, diz que a agricultura brasileira é segura, apesar dos erros que precisam ser corrigidos. "Nossa legislação é rigorosa, segue padrões internacionais. Exportamos alimentos para 170 países. Ninguém compraria se a gente tivesse envenenando todo mundo."

Marina Lacôrte, da campanha de alimentação e agrotóxicos do Greenpeace, diz: "Ninguém vai deixar de usar agrotóxicos do dia para noite, mas é preciso ter uma política pública para reduzir. Nunca se investiu em uma agricultura que produza comida, mesmo, e não commodities no país".

Na Câmara dos Deputados, dois projetos sobre agrotóxicos aguardam votação em plenário.

O PL 6.670/2016 propõe uma política de redução do uso de pesticidas, com a criação de zonas livres da aplicação, perto de moradias, escolas, recursos hídricos e áreas ambientais protegidas, por exemplo. Ele se opõe ao "pacote do veneno", que visa flexibilizar as regras para aprovação desses produtos no Brasil.

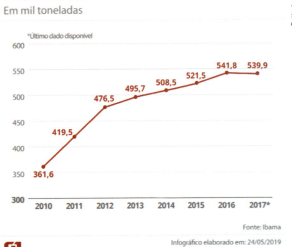

▶ Quantidade de agrotóxicos usada no Brasil na última década.

Luísa Melo. Brasil usa 500 mil toneladas de agrotóxicos por ano, mas quantidade pode ser reduzida, dizem especialistas. *G1*, 27 maio 2019. Disponível em: https://g1.globo.com/economia/agronegocios/noticia/2019/05/27/brasil-usa-500-mil-toneladas-de-agrotoxicos-por-ano-mas-quantidade-pode-ser-reduzida-dizem-especialistas.ghtml. Acesso em: 16 out. 2020.

### Glossário

**Andef:** Associação Nacional de Defesa Vegetal.

**Embrapa:** Empresa Brasileira de Pesquisa Agropecuária.

**Interagindo com a reportagem**

**1** Sublinhe no texto as palavras que você não conhece. Em seguida, procure os significados desses termos no dicionário e copie-os no caderno.

**2** Associe as colunas.

| 1 | Brasil usa 500 mil toneladas de agrotóxicos por ano, mas quantidade pode ser reduzida, dizem especialistas | | Data e horário de publicação |
| 2 | País é o maior consumidor de agrotóxicos do mundo em números absolutos, mas não em relação à área plantada e nem à produção, fica atrás de Japão, União Europeia e EUA. | | Veículo que publicou o texto |
| 3 | Por Luísa Melo | | Título |
| 4 | G1 | | Subtítulo |
| 5 | 27/05/2019 11h48 | | Autora da reportagem |

**3** Observe o título da reportagem. Que recurso a autora usou para chamar a atenção do leitor para o texto?

☐ O exagero intencional dos fatos.

☐ O relato preciso dos fatos.

**4** Qual é a função do **título** em uma reportagem? E a do subtítulo?

_____
_____
_____
_____

Os **títulos** criativos chamam a atenção do leitor, ao mesmo tempo que situam o tema de uma reportagem.

**5** O texto se desenvolve com base em qual fato?

a) O Brasil colhe duas safras por ano porque é um país tropical.

b) A substituição de agrotóxicos nocivos por genéricos.

c) Uma pesquisa sobre o uso de agrotóxicos realizada pela Andef.

d) A necessidade de fiscalização para evitar o contrabando de agrotóxicos.

**6** Releia um trecho do texto e observe a expressão destacada.

> "É preciso lembrar que a gente produz num clima tropical, em que o inverno não é rigoroso o suficiente para interromper os ciclos de pragas e patógenos, como acontece nos países de clima temperado", diz Marcelo Morandi, diretor-presidente da Embrapa Meio Ambiente.
>
> **Ou seja**: o mesmo clima favorável que possibilita ao Brasil colher duas safras por ano favorece a ocorrência de pragas e doenças.

a) Sublinhe com um fio o trecho que expressa a voz de um entrevistado e com dois fios o trecho que expressa a voz do veículo que publicou a reportagem.

b) Sabendo-se que a Embrapa é uma empresa do governo que realiza pesquisa agropecuária, por que é possível afirmar que a fala de Marcelo Morandi confere credibilidade à reportagem?

___

___

___

___

c) Qual é a função da expressão **ou seja** nesse trecho?

___

**d)** A expressão **ou seja** pode ser substituída por outras expressões, sem que perca seu sentido, **exceto** por:

- ☐ em outras palavras.
- ☐ isto é.
- ☐ quer dizer.
- ☐ contudo.

**7** Observe os gráficos que acompanham a reportagem.

**a)** O que os gráficos mostram?

_____
_____
_____
_____

**b)** Quais são os objetivos das comparações estabelecidas nos gráficos?

_____
_____
_____
_____

**c)** Quais são as fontes dos gráficos? Por que saber quais são essas fontes é importante para a reportagem?

_____
_____
_____
_____
_____

**d)** Quais são as funções do título e da legenda nos gráficos?

_____

_____

> Em uma reportagem, **fotografias**, **gráficos** e **infográficos** contribuem para o entendimento desse texto, complementando suas informações. Esses recursos devem estar acompanhados de legenda. Geralmente, entre eles, apenas as fotografias não recebem título.

**8** Releia este trecho da reportagem e observe a linguagem utilizada.

> Mas a liberação de agrotóxicos vem ganhando velocidade nos últimos anos no Brasil. Neste ano, até meados de maio, foram registrados 169 produtos, mais do que em todo o ano de 2015.
>
> Nenhum deles constitui princípio ativo novo: são novas misturas de substâncias já aprovadas ou "genéricos". Mas entidades em defesa do meio ambiente temem que a liberação de mais produtos, ainda que não inéditos, acarrete uma aplicação mais intensa pelos agricultores, já que os preços tendem a cair.

- Marque com **V** as afirmações verdadeiras e com **F** as falsas.

  ☐ Na reportagem predomina o registro formal.

  ☐ Na reportagem predomina o registro informal.

  ☐ A linguagem da reportagem é objetiva, pois esse texto apresenta o tema de maneira direta.

Kazakova Maryia/Shutterstock.com

**9** Com base nas respostas que você deu às atividades de 1 a 8, assinale a opção que apresenta a melhor explicação sobre qual é o objetivo principal da reportagem.

**a)** Instruir o leitor sobre o uso correto dos agrotóxicos para evitar que causem mal.

**b)** Informar o leitor e apresentar opiniões a respeito de um assunto importante para a sociedade.

**c)** Apresentar diferentes opiniões sobre um tema que está em destaque na sociedade, por meio de depoimentos.

**d)** Apresentar ao leitor dados e fontes de pesquisa por meio de gráficos.

## Relação semântica das conjunções

**1** Para entender o que é **conjunção** e qual é sua função, releia a legenda da foto que ilustra a notícia "Novas regras para agrotóxicos são aprovadas".

▶ Agrotóxicos são usados para matar pestes ou plantas invasoras nas plantações.

- Observe que a frase da legenda é um período composto de duas orações.

Agrotóxicos são usados     **para** matar pestes ou plantas invasoras nas plantações.
↓                          ↓
oração 1                   oração 2

a) Pense no sentido da frase. Com que finalidade os agrotóxicos são usados?

_____

b) Reescreva a legenda da foto substituindo a conjunção **para** por uma destas expressões: **a fim de**, **com o objetivo de** ou **com a finalidade de**.

_____

_____

> As **conjunções** são palavras relacionais, pois unem orações (ou seja, enunciados que contêm verbo), estabelecendo alguma relação de sentido entre elas.

**2** Releia um trecho da notícia, observando o sentido das expressões destacadas.

> [...] Mônika diz que, em geral, os agricultores evitam utilizar produtos muito agressivos **para** não prejudicar a polinização. "**Se** eu colocar um produto que mata tudo, eu não vou ter mais polinização **e** a minha produção vai cair."

- Numere a segunda coluna de acordo com a primeira.

| Coluna 1 | Coluna 2 |
|---|---|
| Relações semânticas | Conjunções |
| 1 finalidade | ☐ para |
| 2 adição, complementação | ☐ se |
| 3 condição | ☐ e |

**3** Leia a seguir outro trecho da reportagem.

> "As pessoas dizem: esse produto (o agrotóxico) mata. Mata, isso é veneno. **Se** você pegar um copo e tomar, você vai morrer, sem dúvida nenhuma. **Mas** eu não posso classificar esse fato como determinante para que eu proíba um produto para a agricultura brasileira inteira, **porque** o que se fez foi utilizar o produto indevidamente", diz Renato Porto, diretor da agência.

- As conjunções destacadas, respectivamente, têm os sentidos de:

  a) oposição, condição, explicação.
  b) adição, explicação, finalidade.
  c) condição, oposição, explicação.
  d) explicação, adição, oposição.

**4** Leia o título e o subtítulo de outra matéria:

**Faça sua horta! Agrotóxicos aumentam 700%**

Nos últimos 40 anos, a área plantada no Brasil aumentou 78%, porém o uso de agrotóxicos nas frutas, verduras e legumes brasileiros aumentou 700% – ou seja, oito vezes. [...]

FAÇA SUA horta. *Joca*, São Paulo, 27 jul. 2015. Disponível em: https://jornaljoca.com.br/portal/agrotoxicos-aumentaram-700-em-40-anos. Acesso em: 9 fev. 2020.

- Substitua a conjunção **porém** por expressões de sentido equivalente, sem alterar o sentido do trecho.

_____
_____
_____

# Oficina de produção

## Roteiro para reportagem e reportagem multimodal

Nesta unidade, você conheceu mais sobre dois gêneros muito parecidos: a notícia e a reportagem. Esses gêneros são complementares, pois a notícia anuncia um fato e a reportagem, por sua vez, explica e analisa um tema que se relaciona com um fato.

### RECORDAR

**1.** Faça o resumo das principais características de uma reportagem em um mapa mental. Complete as lacunas utilizando as opções a seguir.

| aprofundada | exemplificação | complementar | notícia | clara |
|---|---|---|---|---|
| fatos | impessoalidade | credibilidade | presente | |

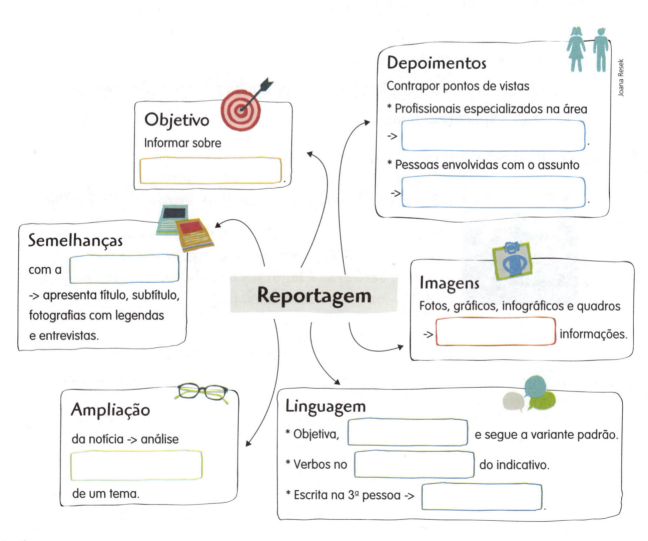

## PLANEJAR

2. Organizem-se em trios e planejem como será a reportagem. Vocês deverão escrever sobre **o uso de agrotóxicos no Brasil**, mostrando o lado positivo e o lado negativo desse tema. Definam como será apresentada a reportagem (lide, texto direto, texto em colunas, uso de informação não verbal, cores das palavras etc.), levando em consideração que o público é a comunidade escolar.
3. Procurem pessoas que conheçam o assunto e façam entrevistas com algumas delas, para que vocês possam apresentar opiniões distintas sobre o assunto acerca do qual vão escrever.
4. Filmem as entrevistas e utilizem um roteiro para fazer as perguntas aos entrevistados. Escrevam um texto, que deve ser decorado e dito por quem vai estar "no ar".
5. Planejem a sequência em que a reportagem será montada e a articulação das imagens com os áudios. Elaborem o roteiro de forma que a reportagem tenha cerca de 3 minutos de duração.
6. Para as gravações, utilizem uma câmera de vídeo ou o celular.

## PRODUZIR

7. Realizem as entrevistas tendo como base o roteiro de perguntas e gravem os trechos em que o(s) repórter(es) articula(m) as partes da reportagem.
8. Gravem os áudios com a voz do repórter, que deve ficar ao fundo das imagens, e importem todo o material para o computador, a fim de editar a reportagem.

## REVISAR

9. Peçam aos colegas de outro grupo que assistam à reportagem que vocês produziram e que a avaliem.
10. Depois da avaliação dos colegas, façam no vídeo os ajustes que forem necessários.

## DIVULGAR

11. Vocês vão organizar uma sessão para apresentar à turma os vídeos com as reportagens. Nesse momento, o professor fará uma avaliação dos materiais produzidos e poderá sugerir adaptações e modificações. Após os últimos acertos, divulguem as reportagens na internet, em um *site* de compartilhamento de vídeos.

### Conheça

*Podcast*
- *Momento Cidade #05: Como é possível produzir alimentos na cidade?*, de Denis Pacheco. O *podcast* discute a importância de investir em agricultura urbana para melhorar a alimentação e diminuir a distância entre produtores e consumidores. Disponível em: jornal.usp.br/?p=257393. Acesso em: 3 fev. 2020.

# Bibliografia

ANTUNES, Irandé. *Lutar com palavras*: coesão e coerência. São Paulo: Parábola, 2005.

BAGNO, Marcos. *Preconceito linguístico*: o que é, como se faz. São Paulo: Loyola, 2011.

BAKHTIN, Mikhail. *Estética da criação verbal*. São Paulo: Martins Fontes, 2000.

BECHARA, Evanildo. *Moderna gramática brasileira*. 38. ed. Rio de Janeiro: Lucerna, 2015.

BRASIL. Ministério da Educação. *Base Nacional Comum Curricular*. Brasília: MEC, 2018. Disponível em: http://basenacionalcomum.mec.gov.br/. Acesso em: 25 mar. 2020.

BRONCKART, Jean-Paul. *Atividade de linguagem, textos e discursos*: por um interacionismo sociodiscursivo. São Paulo: Educ, 1999.

COSTA, Sérgio R. *Dicionário de gêneros textuais*. Belo Horizonte: Autêntica, 2008.

FARACO, Calos A.; TEZZA, Cristóvão. *Oficina de texto*. 3. ed. Petrópolis: Vozes, 2003.

FREIRE, Paulo. *Medo e ousadia*: o cotidiano do professor. Rio de Janeiro: Paz e Terra, 2001.

KLEIMAN, Ângela. *Texto e leitor*: aspectos cognitivos da leitura. Campinas: Pontes, 2011.

KOCH, Ingedore V. *O texto e a construção de sentido*. 10. ed. São Paulo: Contexto, 2010.

MAGALHÃES, Tânia G.; GARCIA-REIS, Andreia R.; FERREIRA, Helena M. (org.). *Concepção discursiva de linguagem*: ensino e formação docente. Campinas: Pontes, 2017.

MARCUSCHI, Luiz A. Produção textual, *análise de gêneros e compreensão*. São Paulo: Parábola, 2011.

MORAIS, Artur G. *Ortografia*: ensinar e aprender. 4. ed. São Paulo: Ática, 2003.

NEVES, Maria. H. M. *Gramática de usos do português*. 2. ed. São Paulo: Unesp, 2011.

ROJO, Roxane; BARBOSA, Jacqueline P. *Hipermodernidade, multiletramentos e gêneros discursivos*. São Paulo: Parábola, 2015.

SCHNEUWLY, Bernard. O ensino da comunicação. *Revista Nova Escola*, São Paulo, n. 157, nov. 2002.